21世纪政府事务与公共管理丛书·教材系列

城 市 管 理 学

钱振明 主编

苏州大学出版社

图书在版编目(CIP)数据

城市管理学/钱振明主编. —苏州：苏州大学出版社，2005.4(2023.2重印)
21世纪政府事务与公共管理丛书·教材系列
ISBN 978-7-81090-466-7

Ⅰ.城… Ⅱ.钱… Ⅲ.城市管理 Ⅳ.F293

中国版本图书馆 CIP 数据核字(2005)第 027216 号

城市管理学

钱振明　主编

责任编辑　王英志

苏州大学出版社出版发行
(地址：苏州市十梓街1号　邮编：215006)
广东虎彩云印刷有限公司印装
(地址：东莞市虎门镇黄村社区厚虎路20号C幢一楼　邮编：523898)

开本 720mm×940mm　1/16　印张 11.25　字数 201 千
2005 年 4 月第 1 版　2023 年 2 月第 8 次印刷
ISBN 978-7-81090-466-7　定价：36.00 元

苏州大学版图书若有印装错误，本社负责调换
苏州大学出版社营销部　电话：0512-67481020

目　录

第一章　城市管理：基本概念与基本理论 …………………………………（1）
　　第一节　城市发展与城市管理 …………………………………（1）
　　第二节　城市管理的概念、特征和基本内容 …………………（11）
　　第三节　当代城市问题及其对城市管理的挑战 ………………………………………………………………（14）
　　第四节　当代城市管理面临的压力 ……………………………（24）
　　第五节　寻求理想的城市管理——现代城市管理学的课题 …………………………………………………（27）

第二章　城市管理体制 …………………………………………（36）
　　第一节　城市管理体制概述 ……………………………………（36）
　　第二节　中国城市管理体制：历史、现状、问题和改革 ………………………………………………………（39）
　　第三节　外国城市管理体制及其改革 …………………………（46）

第三章　城市管理职能 …………………………………………（51）
　　第一节　城市的职能与城市管理 ………………………………（51）
　　第二节　城市政府的主要职能 …………………………………（56）

第四章　城市规划管理 …………………………………………（59）
　　第一节　城市规划概述 …………………………………………（59）
　　第二节　城市规划的组织编制与审批管理 ……………………（65）
　　第三节　城市规划的实施与实施管理 …………………………（67）

第五章　城市基础设施建设与管理 ……………………………（72）
　　第一节　城市基础设施建设的内容和意义 ……………………（72）

第二节　城市基础设施管理 ……………………………………（76）
第三节　城市道路交通管理 ……………………………………（81）

第六章　城市经济管理 …………………………………………（88）
第一节　城市经济管理概述 ……………………………………（88）
第二节　城市产业发展及其管理 ………………………………（93）
第三节　城市市场管理 …………………………………………（95）
第四节　城市土地管理 …………………………………………（99）
第五节　城市住宅管理 …………………………………………（103）
第六节　城市财政管理 …………………………………………（107）

第七章　城市环境管理 …………………………………………（111）
第一节　城市环境问题与环境管理的内容 ……………………（111）
第二节　城市市容管理 …………………………………………（115）
第三节　城市环境卫生管理 ……………………………………（120）
第四节　城市园林绿化管理 ……………………………………（122）

第八章　城市社会管理 …………………………………………（125）
第一节　城市社会管理概述 ……………………………………（125）
第二节　城市人口管理 …………………………………………（127）
第三节　城市文化教育卫生事业管理 …………………………（132）
第四节　城市公共安全管理 ……………………………………（136）
第五节　城市社区管理 …………………………………………（141）

第九章　城市的未来与未来城市的管理
………………………………………………………………（148）
第一节　未来城市的可能形态 …………………………………（148）
第二节　城市管理的新模式 ……………………………………（155）
第三节　大都市区的管理 ………………………………………（160）

参考文献 ……………………………………………………………（169）
后　　记 ……………………………………………………………（174）

第一章 城市管理：基本概念与基本理论

城市管理是随着城市的产生而产生、城市的发展而发展的。作为解决城市问题的根本途径，城市管理在现代城市发展中具有越来越重要的地位和作用。城市管理作为一门科学，它是一种以整个城市的社会公共事务为对象，以增进全体城市居民公共利益为目的的公共管理活动，其包含的内容相当丰富，范围相当广泛。当代城市发展中所存在的种种新的矛盾和问题，正在挑战固有的传统城市管理模式。告别传统城市管理，走向现代城市治理，是人类维持城市发展和满足自身需要的主动选择。

第一节 城市发展与城市管理

城市管理发端于城市的产生。"随着城市的出现，必然要有行政机关、警察、赋税等等，一句话，必然要有公共的政治机构。"[1]城市管理不仅随着城市的产生而产生，而且随着城市的发展而发展。不同历史时期的城市具有不同的特征，不同历史时期的城市管理也具有不同的内容和方式。

一、城市的概念和特征

什么是城市？这在今天并没有一个统一的界定。地理学从空间层面上理解，把城市解释为规模大于乡村和集镇的居民点，一定范围的政治、经济、文化中心；经济学把城市看做是人口集中、工商业发达、居民以非农业人口为主的地区；社会学则认为城市是异质性居民聚居、具有综合功能的社会共同体。但是在城市起源之初，关于什么是城市的问题并不复杂，它只是一种人类群体聚居栖息的

---

[1]《马克思恩格斯选集》第1卷，人民出版社1995年版，第104页。

需要；具有有效的防御地形、充足的粮食供给、便利的淡水资源，即能满足古人非常有限的聚居栖息条件的地方都会发展成为一个或大或小的城市。在汉语里，"城"和"市"本来是两个不同的概念。"城"是周围用墙筑起来赖以防守的、攻不破的防御工程；"市"是交易场所或买卖行为。人类社会发展到一定阶段，两者就结合在一起，形成四周围绕城墙、城墙内外有比较活跃的交易活动的人类居住聚落即城市。在现实生活中，城市作为与乡村相对而言的社会历史范畴，它与乡村的区别，几乎人人都能感觉到，无论是进过城的乡下人还是下过乡的城里人，都能清楚地体察到城市生活与乡村生活的诸多不同。城市区别于乡村的最大特点是它的高度集中性。这种集中性，不仅表现为人口数量的高度集中，而且表现为财力、物力、智力和信息的高度集中。正因为它的高度集中性，城市往往是一个地区的政治、经济和文化中心，对周围地区具有强烈的吸引力和辐射力。所以，我们可以把城市理解为：社会发展到一定阶段的产物，是非农业人口达到相当规模的社会经济实体，是其周围地区政治、经济、文化等活动的中心，是区别于比较单一而分散的农村居民点的社会空间结构形式。

城市与乡村的区别不仅在于它的高度集中性，而且在于其构成上的异质性。城市人口的民族或种族构成、风俗与心理构成、语言与交往方式构成、宗教信仰构成、道德观念与政治意识构成以及职业的构成等，都具有很强的异质性。从经济学的角度看，城市区别于乡村这个农业经济区域的特征在于，它是工业、商业、物流运输业、服务业等非农产业的聚集地，因此，它也代表了先进的生产技术和生产方式，居民的知识水平和专业技能也比乡村居民高，人们的生活方式多样化、时间观念强、相互间竞争激烈。

城市正是由其所具有的不同于乡村的特点，决定了其管理上具有不同于一般管理和乡村管理的特征和领域。

二、城市的产生和发展

人类社会起初是没有城市的，城市只是社会发展到一定阶段的产物。大约在公元前 5000 年以前，随着农业生产力的提高，少数新石器时代的村落发展成了小集镇和城市，这一变化称为"城市革命"。据中国人民大学邬沧萍教授在其《世界人口纲要》中所指出的，世界上最早的城市是位于死海北岸的古里乔，距今 9000 年左右。也有人说，人类最早的城市出现在 5000 年前的印度河流域。但按现代的城市标准来说，当时的城市都很小很小。据说古代的城市，其人口通常在 1 万～3 万。伦敦在公元 2 世纪时只有 3 万人。

城市自产生之后,其历史发展大体可以分为三个阶段:前工业社会阶段、工业社会阶段、后工业社会阶段。

前工业社会阶段,也可称为早期城市和古代城市阶段[1],其最迟始于公元前3500年,终于18世纪中叶,历时5000多年,经历了奴隶社会和封建社会两种社会形态。这一时期,社会生产力水平低,经济发展速度慢,决定了城市发展也相当缓慢。城市发展的基本特点是:城市发展速度慢,城市数量少、规模小;城市位置一般坐落在灌溉条件好,有利于农业生产,交通便捷,有利于商品交换,气候温和,适宜人类居住的地区。这些地区也通常是世界文明的发源地、人类文化的摇篮,如两河流域、尼罗河流域、黄河流域等。

工业社会阶段,也可称为近代城市阶段,始于18世纪中叶,终于20世纪中叶。这一时期,在西方社会,资本主义生产力以前所未有的速度向前发展,使人类社会发生了历史性的巨变——近代城市革命。这场革命使城市由原先的手工业生产的集中地、农产品的集散地迅速发展为机器大工业生产的中心和商业贸易的中心,而且城市数量猛增、规模扩张,在有些国家还沿铁路、公路、河流走向出现了成片、成群的城市群(带)地区或者说城市连绵区。但环境污染、交通拥挤、贫困等城市问题也开始出现,在有些城市化程度比较高的国家这些问题还表现得相当严重。

后工业社会阶段,按照丹尼尔·贝尔的划分,开始于1955年。它包括了现代城市阶段和"后现代"城市阶段。丹尼尔·贝尔的划分虽然并不符合广大发展中国家的实际情况,因为许多发展中国家这时才刚刚启动现代化、工业化进程,但确实反映了西方发达国家的整体社会格局。这是一个在有些国家主要是发达国家表现为"后城市化"发展的时期,在更多的国家尤其是发展中国家则表现为城市化高速发展时期。在1800年的时候,全世界生活在城市里的人口只有世界总人口的3%;到1900年,生活在城市里的世界人口比例也仅为10%;而在2000年,生活在城市里的世界人口比例已经上升到50%。据专家预测:2025年世界人口将达到80亿左右,而城市人口约有50亿。在新的21世纪,人类社会的发展已经进入了"城市世纪",人类进入了"城市时代"。在这样的时代,城市的发展呈现出与工业时代越来越大的差异,它已经成为第三产业的中心和人类主要的聚居区。在一些大城市周围出现了许多卫星城镇,城市间的地理距离也日

---

[1] 城市史的一种划分方法是把城市分为古代城市、近代城市和现代城市。古代城市,就中国而言,从夏王朝至1840年鸦片战争前;就世界而言,包括早期(奴隶制时代)城市和中世纪(公元476年西罗马帝国灭亡至1640年英国资产阶级革命爆发)城市。

趋缩小,出现了大片的城市群。

三、古代的城市与城市管理

不同时代的城市不仅在数量、规模、地理位置上,而且在结构、功能等方面具有不同的特点,因而在管理上也具有各自的特色。

古代城市的职能相当简单,一般只具有政治、交易和消费的职能,而很少具有生产的职能。美国学者吉顿·斯乔伯格在《前工业化城市》一书中,描述了前工业化城市所具有的特征。[1]

(1) 自然特征:面积小,封闭型,城市人口占社会的少部分;社会成员中等级森严,不同职业、不同种族、不同宗教集团的身份区别明显;街道狭窄,以步行为主,信息传播速度慢。

(2) 城市功能:政治首府;交易市场;宗教活动中心。

(3) 社会结构:僵化的阶级结构;上层社会由高级官吏、地方有产阶级和少数商人组成;少数的中间阶层和众多的底层群众;对手工业劳动轻视。

(4) 经济制度:财富来自土地,商业活动地位低下,市场范围小,日常存货量小;行会制度普遍;个体生产经营;服务区域窄小,价格不一,不讲究时间效率,工作日程不规则,缺乏标准化。

(5) 政治结构:国王与大臣们的家族统治,政府建立在传统观念和绝对权威的官僚制度上;政府功能主要是管理公共事务和抽税。

(6) 宗教组织:宗教组织权力强大,统治其他组织,宗教权被上层社会所垄断,为其阶级统治辩护,反映了阶级地位的特殊性。

(7) 教育与传播:教育为少数人服务,传播宗教观念,只重口头宣传,不重保持文字记载,各阶层用语不同,使全国语言不统一,文体为一种时兴艺术,书籍是宗教艺术的表现物。

中国古代城市还具有其鲜明的自身特点。在中国古代,城市建立和发展的首要原因是统治者的政治与军事需要,所谓"筑城以卫君,造郭以守民"。中国历史上出现的几次筑城高潮,都与当时统治者为巩固政权,保护自己的生命财产安全,加强对民众的统治,以及进行战争关系密切。[2] 因此,中国古代的城市往往

---

[1] 参见叶南客、李芸:《战略与目标——城市管理系统与操作新论》,东南大学出版社2000年版,第5~6页。

[2] 参见庄林德、张京祥:《中国城市发展与建设史》,东南大学出版社2002年版,第158页。

既有城墙又有城河,既利坚守又利防侵、防洪。城墙作为防御工程,本来与城市的发展没有什么关系,但由于中国特殊的历史环境,多数城市是由官府设立政治中心而形成的,城墙也就成了中国古代城市的主要标志,在中国城市发展中起着十分重要的作用。[1] 像北京、西安等四周绕有城墙并开设若干个城门的城市在中国古代不胜枚举。宋代开始,中国城市功能发生了巨大变化,出现了一些大的商业都会和以经济职能为主的市镇。尽管如此,以工商业为主的城市毕竟还比较少,城市的经济基础主要以农业为主,因此,城市的行政管理职能比较单一,以政治统治为主,经济功能相对较弱。在管理机构上,即使在封建社会时期,也没有专门的城市政府,采用的是郡县治所的城乡合治的管理制度。也就是说,城市与乡村在管理上没有什么区别。郡县政府既管驻地城镇事务,又管所属乡村事务。

在欧洲,早期的城市管理与乡村管理并没有严格的区分。古希腊和古罗马时期的城市都采用城邦制,这种城邦实际上就是城市国家。每个城邦都以一个城市为中心,周围有农村,城市有围墙,对其周围地区享有主权。统治者奴隶主阶级主要依赖地产而存在。当时由城市公民选举产生的政权机构并不是专管城市事务的,而是要管辖整个城邦国家所辖的全部乡村区域,因此,它也是一种城乡合治的管理体制。只是在进入中世纪之后,工商业的发达使城市与乡村的差异逐渐扩大,现代意义上的"城市管理"才开始萌芽。[2]

在中世纪的欧洲,城市的发展具有了不同于以往的许多特点,不仅城市的数量、规模、结构、功能等与以前的奴隶制时代大不相同,而且许多城市不再只是由于军事、政治或宗教因素而产生,而是直接由于手工业的发展和商业贸易的繁荣而产生、发展和兴盛的,如意大利的威尼斯、佛罗伦萨、热那亚等。商业贸易和手工业的发展使这些城市的经济基础开始发生变化,它们不再单纯以农业为基础,而是以手工业产品的生产和转运贸易为基础,城市和乡村的差异不断明显和扩大。城乡的真正分离与对立也从此开始,城市居民以工商业者为主,乡村居民则以王公、贵族、僧侣和农民为主。工商业者组织自己的行会,行会制度在城市逐渐占据主要地位,并且出现了许多行会统治的城市。工商业者为了摆脱封建领主对城市工商业经济的控制,维护自身利益,开始向封建领主争取城市自治权,以发展工商业为主旨、以自由平等的精神为核心的城市法也在城市市民与封建领主的斗争中产生。城市管理与乡村管理的真正分离也从此开始了。

---

[1] 参见马正林:《中国城市历史地理》,山东教育出版社1998年版,第51~84页。
[2] 参见张觉文:《市政管理新论》,四川人民出版社2003年版,第109页。

四、近代城市与近代城市管理

近代城市与古代城市的区别是明显的。一是城市所赖以建立的经济基础不同。古代城市是以土地财产和农业为基础的城市,是建立在手工业劳动基础上的。城市规模一般也很小,通常在1万～3万人(当然也有少量的例外,如16世纪的巴黎人口达40万[1];中国唐朝的长安城,据说人口曾达百万[2],南京在明代中叶人口达120万左右[3])。而近代城市则以机器大工业为基础,其规模大大超过古代城市。二是城市功能不同。古代城市首先是作为军事中心、行政中心、宗教中心、文化中心、居住中心而产生和发展起来的,经济力量较弱,不可能成为综合性的经济中心,而近代城市的经济功能占主导地位。三是城市的性质不同。古代城市的商业重要性大于工业,消费大于生产,属于消费城市,这在中国尤为突出。而近代城市则以生产为主体。四是城市地位不同。古代是农村统治城市,近代是城市统治农村。[4] 与此相应的是城市管理在近代也发生了许多变化。

对近代西欧城市发展与城市管理产生重要影响的是意大利的文艺复兴运动。文艺复兴追求的是人的、现实的、合理的东西,人是一切的核心,所以又称人文主义运动。这与中世纪的以神为中心、虚幻的、不合理的东西形成鲜明的对照。这使文艺复兴时期人们在进行城市规划和建筑设计时,讲究适应城市个人生活和公共生活的需要,改变中世纪那种狭窄、弯曲、阴暗的小街小巷为宽敞、整齐的大道,住宅很讲究采光、保暖、通风的需要。在当时的意大利城市中,为了通风降温,房屋的高度都很惊人,贵族家里的卧室、客厅、厕所是分开的,和今天的城市居住条件已经很相近。当然,一般市民的住房还很简陋,往往兼作作坊、商店以及仓库。近代西欧许多大城市的市政改造就是在16世纪中期到17世纪中期前后即文艺复兴的高潮时期进行的。布鲁塞尔的旧总理府建于1535—1537年,威尼斯的圣马克图书馆建于1536年,歌剧院建于1537年,阿姆斯特丹的新市政厅建于1654年,著名的格林威治天文台建于1675年。可以说,在文艺复兴时期,一些现代的城市设施和管理逐步形成,大城市的道路、照明等开始受到重

---

[1] 张承安:《城市发展史》,武汉大学出版社1985年版,第70页。
[2] 庄林德、张京祥:《中国城市发展与建设史》,东南大学出版社2002年版,第65页。
[3] 庄林德、张京祥:《中国城市发展与建设史》,东南大学出版社2002年版,第133页。
[4] 李其荣:《世界城市史话》,湖北人民出版社1997年版,第81～82页。

视。比如，意大利和尼德兰的城市有了定期清扫街道的制度；伦敦在1671年制定了道路与照明的法令；纽伦堡在1623年成立了消防队，装备了最早的消防车。[1]

英国资产阶级革命的发生和工业革命的兴起，使近代西欧城市管理进一步发生变化。资产阶级革命使城市政权完全归资产阶级所掌握，而工业革命使城市人口迅速增加，城市的规模、性质、结构、功能都发生了前所未有的变化，人类社会的发展进入了一个快速城市化的时期。以英国为例，工业革命首先使其5000人以上的小城市数量增加，在1801—1851年的半个世纪中，英国5000人以上的小城市由106座增加到265座，一批新兴的工业城市如利物浦、伯明翰、曼彻斯特迅速建立起来。1700年，只有2%的英国居民在城市生活，而到1850年，英国就成了世界上第一个城镇人口占全国总人口一半以上的国家，20世纪初，这一比例激增到75%。伦敦在公元2世纪还只有3万人口，工业革命使它迅速成为世界第一大城市，人口达到70万，19世纪就成为世界贸易和金融中心，20世纪初，人口剧升到200万。在大工业生产方式的推动下，各国原来的消费城市都变成了生产性城市，城市中出现了大片的工业区、仓库码头区、商业区，完全改变了古代城市中的那种功能单一的状态，经济功能十分薄弱的古代城市转化成了商业中心、工业中心城市。

令人遗憾的是，机器大工业也给城市带来了破坏：污染和嘈杂。正如狄更斯在《艰难时世》中所描述的，大工业使一色红砖房的城市被浓烟和煤灰熏烤成"焦煤城"。"这是个到处都是机器和高耸的烟囱的城市，无穷无尽长龙似的浓烟，一直不停地从烟囱里冒出来……这里有一条黑色的水渠，还有一条河，里面的水被气味难闻的染料冲成深紫色，许多庞大的建筑物上面开满了窗户，里面整天只听到嘎拉嘎拉的颤动声响，蒸汽机上的活塞单调地移上移下，就像一个患了忧郁症的大象的头。市里有好几条大街，看起来条条都是一个样子，还有许多小巷也是彼此相同，那儿的居民也几乎个个相似，他们同时进，同时出，走在同样的人行道上，发出同样的脚步声音，做同样的工作，而且对于他们，今天跟昨天和明天毫无区别，今年跟去年和明年也是一样……"[2]大工业给城市带来的这种破坏还随着铁路延伸到郊外，甚至影响到那些从来未被人类惊扰过的大自然，人和自然的平衡被打破了。这时，政府也开始意识到在发展大工业的同时，必须改善人类的

---

[1] 张冠增：《城市发展概论》，中国铁道出版社1998年版，第167～168页。
[2] 转引自[意]L.本奈沃洛：《西方现代建筑史》，天津科学技术出版社1996年版，第121～122页。

生存环境。例如,英国伦敦从1842年开始利用水库为市民提供自来水,道路也采用新的技术来减少灰尘。[1] 法国巴黎在1852—1870年间进行了大规模改建,新建了许多街道、广场、绿化设施、自来水管道、下水道系统、桥梁等。[2]

18世纪工业革命的发生使人类社会进入了一个城市化快速发展的时期。在美国,城市化的迅猛发展所带来的诸多城市问题,使城市管理的重要性日益突出。

当西欧城市化进程发展了很长时间后,美国还是一个乡村国家。1850年,当英国的城市人口已超过50%的时候,美国的城市化率还只有15.3%。[3] 此后的半个多世纪,美国城市化进程发展迅速,实现了高度城市化。1920年,美国的城市人口已超过了全国人口的一半以上,达到51.2%。美国的东部地区,包括纽约、马萨诸塞和宾夕法尼亚等,工业化较早,也是美国最早实现高度城市化的地区。美国1790年的第一次人口普查表明,当时5%的城市人口聚集在美国的东海岸。第二次世界大战期间,国防工业的快速增长,使西部城市得以迅速发展。20世纪80年代城市增长率最高的地区,是南部的弗罗里达、得克萨斯和亚利桑纳几个州。东北地区城市化速度则减慢。近十年的城市人口增长,90%发生在南部和西部,这表明了其人口向美国南部、西部边陲地区流动的趋势。现在美国十大城市中有6个位于该地区。加拿大的城市化发展与美国相类似,当美国的城市人口大规模集聚在东海岸和西海岸时,加拿大的城市人口则集聚在南部的边境地带。目前,据世界银行《2000年世界发展指标》显示,美国和加拿大的城市人口占总人口的比重都是77%。美国是西方世界城市化速度最快的国家之一,是最早面临"城市病"的国家之一,也是最早探索城市管理理论的国家,同时还是首创多种城市管理体制的国家,它的市镇会议制、市长议会制、市委员会制、市经理制等均产生于近代。

在近代西方国家,一种新型的、不同于中世纪的包含了民选制、议会制、代议制及各种权力相互制约机制的城市管理体制逐步走向成熟,城市管理职能也逐步完善,尤其是城市规划职能日渐突出,一些有代表性的规划思想、规划理论开始产生和发展,西方现代意义上的城市管理逐渐定型。

在近代中国,绝大多数城镇虽然仍保持着城乡合治和区域分治的封建管理体制,但由于受外国资本主义的影响,一些城市的行政管理体制已开始由分割向

---

[1] 张冠增:《城市发展概论》,中国铁道出版社1998年版,第196页。
[2] 参见张承安:《城市发展史》,武汉大学出版社1985年版,第97~101页。
[3] 参见王旭:《美国城市史》,中国社会科学出版社2000年版,第5页。

自治过渡,城市管理机构和城市区域也开始从传统的区域型管理体制中逐渐分离出来,走向城乡分治。这种变化在与外国资本主义国家接触较多、受其影响较大的城市首先发生。1854年,英、美、法三国在上海租界地内成立了具有西方城市政权性质的市政管理机构——工部局。1895年,上海沪南地区设立了"上海南市马路工程局"。1900年,闸北地区又成立了"闸北工程总局"。这样,城镇区域和乡村区域的管理开始出现区别。1908年,在学习西方城镇管理方法的基础上,清政府颁发了《城镇乡地方自治章程》,这在中国历史上第一次以法律的形式将城镇区域和乡村区别开来,从此,城市有了专管城市事务的行政机构,城乡分治,市政与乡政有了区别,中国现代意义上的城市管理由此出现。

五、现代城市与现代城市管理

20世纪以来,尤其是第二次世界大战以来,在以信息技术发展为核心的科技革命的推动下,人类社会进入了以现代城市为发展取向的历史阶段。所谓现代城市,是具有较强的经济中心功能、良好的基础设施、合理的服务体系、有效的创新机制、现代化的工作生活方式和先进的管理制度与手段的城市。

现代城市作为在前现代城市,主要是近代工业城市基础上发展起来的新城市,与前现代城市具有本质上的区别。第一,聚集经济与分散经济的对立统一关系在现代城市发生了实质性的变化,即现代城市已成为聚集的社会经济活动中心。第二,城市的人工环境得到了充分的发展,其适聚性空前提高,但城市生态问题有了新的发展。如果许多新产生的城市生态问题不能得到有效解决,就会阻碍现代城市的可持续发展。因此,从这一意义上说,可持续发展将是推动现代城市继续向前发展并走向未来城市的前提条件之一。第三,聚集空间的形成基本上摆脱了自然要素的束缚,并且,其形式呈现多样化发展趋势。城市群、城市带以及卫星城等的产生就是现代城市聚集空间形态多样化演化的结果。[1] 事实上,现代城市与前现代城市更重要的区别在于,现代城市除外延发展外更多的是内涵发展。在现代城市发展阶段,城市经济已逐步从粗放增长走向集约发展;城市建设在开发新区的同时,更重视旧城改造和更新;"城"的功能几乎丧失殆尽,而"市"的功能愈来愈强化;内部空间组合层次分明,空间利用率高,景观更为壮观;越来越多的大城市带有国际化趋势。于是,现代城市管理也就必须具有新的管理理念、管理模式、管理体制和机制。

---

〔1〕 参见丁健:《现代城市经济》,同济大学出版社2001年版,第6~7页。

六、21世纪的"后城市化":城市发展的新趋势与新的城市问题

在现代城市之后,城市发展是否有一个更新的阶段?有的学者认为,城市的发展还应该有一个"未来城市"阶段,而有的学者认为,城市的发展应该有一个"后城市化"阶段。城市化,可以理解为农村人口转变为城市人口、农村地区转变为城市地区、农村生活方式转变为城市生活方式、农村自然经济转变为城市市场经济的过程。城市化之后,人类社会并不会停止其发展的步伐。在已经高度城市化了的西方世界,特别是那些城市化率前几年就已超过80%的发达国家,城市发展的"后城市化"阶段可以说已经来临。

在"后城市化"阶段,城市发展将呈现如下新的趋势[1]:

(1)城市带的出现,将超越地区和国家行政体系的划分。

(2)所有城市将成为地球村的一部分。在地球村内,一些城市具有全球性的特征,成为国际化大都市。这些城市不一定是一个国家中最大的城市,但必定是主要政府和非政府机构以及跨国公司总部的据点,是国际政治、经济、文化活动的重要中心。

(3)城市结构的变化。主要表现在:宽阔的国际性的城市带和大都市成为主要结构;交通走廊和环境宜人的地方将成为未来城市扩张的中心;由于许多人开始不愿住在市中心,城市的近郊化在发达国家首先出现。近郊化导致城市规模的扩张和城市中心的衰落,未来城市中心的重建将是这些城市的主题;未来的城市景观将变得十分相似,一些城市新建筑的结构也大致雷同,200层高的超摩天大楼虽然造价昂贵、利用率低,但还是会越来越普遍地出现。

(4)城市功能随着城市结构的变化而相应变化。更迅速的交通和信息导致城市人口的分散,人们工作、购物、娱乐的场所都在较近的范围内,通常是可以步行或公共交通方便的地方。甚至工商业也趋向建立在离原材料供应点、子公司、市场、所需服务部门(如银行、法院、政府、广告公司)不太远的地方。汽车的冲击改变了城市结构,工业、商业、居住区分开了,郊区化出现了,城市的道路、停车场增多。与此相联,城市功能的变化表现在城市将以服务为主,包括研究和技术开发、旅游娱乐、出版和电信及各种管理。

未来的城市问题,对发展中国家来说,主要是满足和提供城市人口日益增长的基本需要;制止乡村到城市的移民潮;急剧变迁中的居民对文化变迁的适应和

---

[1] 参见周大鸣:《现代都市人类学》,中山大学出版社1997年版,第289~294页。

调整;环境管理与经济增长之间矛盾的协调等。而对发达国家来说,主要是提高市民生活的物质质量;适应人口的零增长或缓慢增长;适应潜在的资源危机,有规划地选择聚落;减缓城市居民的社会和经济不平;等等。[1]

第二节 城市管理的概念、特征和基本内容

历史的考察可以使我们明了城市管理的内涵和所具有的主要内容。但无论是古代、近代还是当代,所有发生的城市管理活动,绝大多数是传统形态的城市管理,即一种以政府为惟一主体的管理,而不是现代的治理。

一、城市管理的概念

城市发展的历史表明,有了城市就开始有城市管理的实践性探索。至于何谓城市管理,在城市科学和城市管理研究中争论颇多。归纳起来,主要有六种不同的观点:

(1) 城市管理就是市政管理,主要是城市政府部门对城市的公用事业、公共设施等方面的规划和建设进行控制、指导。

(2) 城市管理就是城市各部门管理的总和,即包括人口管理、经济管理、社会管理、基础设施管理、科技管理和文化教育卫生管理在内的城市群体要素管理。有的学者指出:"城市的管理,主要是对城市中人们所从事的社会、经济、思想文化等方面的活动进行决策、计划、组织、指挥、协调、控制等一系列活动的总和。""它不仅要对城市中物的因素进行管理,而且要对城市中人的因素进行管理。"[2]

(3) 城市管理是城市政府对城市的经营行为,即以城市为对象,对城市运转和发展所进行的控制行为,其主要任务是对城市运行的关键机制——经济、产业结构进行管理和调节。如有的学者把城市管理的概念描述为:"城市管理是城市政府,通过一系列有目的的自觉活动,去组织、协调、控制城市运行过程的

---

[1] 参见周大鸣:《现代都市人类学》,中山大学出版社1997年版,第294～298页。
[2] 王建民主编:《城市管理学》,上海人民出版社1987年版,第1页。

行为。"[1]

（4）城市管理是指以城市基础设施为重点对象，以发挥城市综合效益为目的的综合管理。作为一个综合概念，城市管理包含城市经济管理、城市社会管理和城市环境管理三个方面。[2]

（5）城市管理是城市中非政治、非经济的社会公共事务的管理活动。它由八大管理子系统构成：教育管理、医疗卫生管理、文化体育管理、社会保障管理、人口管理、安全管理、生态环境管理、基础设施管理。[3]

（6）城市管理是以城市的长期稳定协调发展和良性运行为目标，以人、财、物、信息等各种资源为对象，对城市运行系统作出的综合性协调、规划、控制和建设活动。因此，城市管理的内容包括城市的社会管理（含人口、治安、生活服务、文化管理等）、经济管理、社区的生态环境管理和基础设施管理。[4]

上述各种对城市管理概念的不同界定都是从城市管理对象和范围的不同的角度来进行的。管理作为人类一种有目的的、通过发挥自身的主观能动性来改造客观世界的活动，对其内涵的确定，在明确其对象和范围的同时，还必须明确其主体。如果把管理的主体和对象结合起来考虑，我们首先发现，管理有两大类：企业的经营管理和政府的行政管理。在英语中"management"和"administration"都是"管理"。而前者主要指"私域"的管理，其主体是企业组织、企业经营者，如工商企业的管理、经营管理；后者主要指行政管理，用于"公域"的管理，即公共管理，其主体是政府机构和政府的公务人员。城市管理属于何种管理？也许两者兼而有之，但它总体上应该属于公共管理的范畴，因为它谋取的是城市居民的公共利益，而不是某一个组织的私利。据此，我们首先可以把城市管理界定为人类对城市社会公共事务进行科学管理的活动，它是以社会公共利益为目的的，具体地说，城市管理的根本目的在于充分利用城市资源，维持和促进城市发展，以持续提高城市居民的生活质量。

二、现代城市管理的基本特征

人们通常理解的城市管理是城市政府对城市公共事业、公共设施、公共事务

---

[1] 张跃庆等：《城市管理概论》，北京经济学院出版社1990年版，第1页。
[2] 参见尤建新主编：《现代城市管理学》，科学出版社、武汉出版社2003年版，第2页。
[3] 张钟汝等：《城市社会学》，上海大学出版社2001年版，第203～204页。
[4] 参见叶南客、李芸：《战略与目标——城市管理系统与操作新论》，东南大学出版社2000年版，第27～28页。

进行的管理活动。当然,也有人从广义上理解这一概念,把城市政府承担的所有以城市为对象的管理活动都统一称为城市管理。但凡此种种,都有一个共同的特征,即城市管理是以城市政府为主体的管理活动。

随着"新公共管理"的兴起,那种延续了几千年的、以城市的政府机构为惟一主体的城市公共管理活动正在发生变化。世界上许多国家正在不断推进城市基础设施建设中的市场化改革,开始把更多的传统上由政府管理或者专营的公益事业及公共产品的提供改由私营企业共同参与或干脆实行"私有化"。这就是说,城市管理正在由传统的政府为惟一主体的公共管理转变为现代并非由政府"独家经营"的公共管理。现代意义上的城市管理,是城市政府和非政府组织对城市各项公共事务的管理。在这种城市管理中,政府虽然仍具有不可推卸的责任,但市民开始拥有更多的发言权和决定权。

传统城市管理的特征不仅在于城市政府是其惟一主体,而且在管理的方法和手段上,主要表现为权力控制、行政命令、制度约束,非人性化的管理相当突出。在如今的城市发展和城市管理中,城市发展财政不足、可持续发展能力低、公共产品和公共服务质量差、公共管理成本过高、管理效率低下、不能对外界的变化和市民的需求作出灵敏的反应等,都是传统城市管理"惹的祸"。

三、现代城市管理的基本内容

现代城市管理之所以不能以政府为惟一主体,根源在于现代城市构成上的高度复杂性和综合性,以及管理内容上的广泛性。现代城市是以一定物质为载体的高度复杂的社会综合体,具有各自运行规律和特征的社会、经济、环境资源等系统共同构成了现代城市。这些系统既自成体系,又相互影响、相互制约,并同外界环境有着密切的联系,这就决定了城市管理也具有综合性的特点。现代城市管理必须对城市的各个构成要素进行协调、控制,基础设施管理、社会管理、经济管理、环境管理也就构成现代城市管理的主要内容,而规划是城市管理的前提和基础。

城市规划是对城市人口、土地利用、产业结构、建筑物、公共场所、交通等所进行的一种事先筹划和安排,是政府干预城市发展的一种手段,是城市建设和城市管理的基本依据。城市规划管理的主要任务是保证规划的科学编制和有效实施。

城市基础设施包括能源生产和供应设施、供水和排水设施、对外交通设施和市内交通设施、邮电通信设施、环境卫生和园林绿化等生态环境设施、防火防洪防震等防灾设施,它是城市存在和发展的物质前提和物质基础。城市基础设施水平的高低是衡量城市化质量的一个标志。完善城市功能,建设现代化城市,必须建设和管理好作为维持整个城市系统正常运转的各种基础设施。

城市是经济活动的空间集聚地,经济管理是城市管理的传统中心内容。经济管理是城市管理的重点,并不意味着城市政府要陷于城市经济运行调控的具体事务之中。城市经济管理的主要内容是城市宏观经济和城市产业发展的调控、城市市场秩序的维护、城市公共建设项目管理和城市财政税收管理。

城市社会管理是与城市居民生活直接相关的各种社会事务的管理,它包括人口管理、社会福利事业管理、文化教育卫生事业管理、社会治安管理以及为居民生活服务的社区的管理。城市是一个异质性居民聚居的社会共同体。为了使城市居民愉悦地生存在一个良好的社会环境里,必须对城市的人口、社会秩序、居民的物质生活和精神生活等作整体、动态、综合的全面控制和管理。

城市环境,广义上包括城市的经济环境、人文社会环境、生态环境。城市环境管理指的是城市生态环境管理,其主要任务是通过污染的防治,不让自然环境变坏;通过绿化和美化,力求自然环境更适宜于人们居住。在由于经济发展导致的环境问题愈益突出,而人类对洁静的环境愈益渴望的现代社会,城市生态环境管理在城市管理中的地位越来越突出。

第三节 当代城市问题及其对城市管理的挑战

城市是人类文明的产物,城市化的发展是人类不可逆转的社会进步过程和趋势。在今天这样的"城市时代",城市在任何一个国家或地区的发展过程中都处于举足轻重的地位,发挥着日趋重要的作用。人类在享受城市文明的同时,也越来越感受到城市化发展所带来的环境污染、生态失衡、交通拥挤、贫困、失业、社会不安等城市所特有的"病态"、弊端和丑恶现象,我们可称之为"城市病"。

"城市病"是各国城市的通病,无论是发展中国家还是发达国家,都有"城市病"。正如日本一位官员所说,"至今世界上还没有一个能宣称自己已经解决了所有问题的理想城市"[1]。

当代"城市病"很多,从其"传播"的范围和程度而言,大体上可以分为三大

---

[1] 转引自:《重新认识大都市》,《人民日报》1987年5月25日。

类：一类是各国各类城市都有的，并已延续许多年而没有"治愈"的"通病"，可以称为"常见病"；一类是只在某些城市特别是发展中国家城市存在的"地方病"；还有一类是近年来新出现的"急发病"。

一、拥挤对城市的困扰

交通拥挤堵塞，是当代城市的一种"常见病"，在全世界广泛流行，无论是发达国家还是发展中国家无一幸免，且目前尚无良药可医。即使在一个规模适中的西方城市，交通拥挤堵塞现象也十分严重，以至于从早到晚都是交通高峰时间。道路设施和交通运行系统在高峰时间承受的压力达到它们所能容纳的最大限度。假如一条城市快速道路的设计能力是，在每一条行车道上，每小时通过1200辆以80公里/小时速度行驶的车辆，现在可能被迫每小时要通过1600辆车辆，于是规定的最高速度减至40公里/小时。据说，伦敦市中心的车流速度已降至令人无法容忍的约16公里/小时的水平，以至于市政当局不得不决定：从星期一到星期五的早上7点到下午6点半，除获得外交减免和特殊减免的车辆外，其他驶入伦敦市中心的汽车都必须缴纳5英镑的城市交通拥挤费，试图在一定程度上限制车辆进入伦敦市中心，从而缓解那里的交通压力。[1] 欧洲许多城市高峰时间汽车的平均时速低于9公里[2]，结果，人员和货物常常迟到。人们在赞誉汽车带来便利的同时，又在抱怨由堵车造成的不便。看来，成也汽车，败也汽车！城市运行陷入混乱不堪的境地。

中国的北京、上海、广州等城市，尽管汽车数量远不及西方国家城市中多，但堵车的程度却并不逊色。据北京市公安交通管理局2001年的一项统计，北京城区400多个主干道路口，严重拥堵的有99个。北京的主干道路拥堵严重，按计划，在中关村路，332路公共汽车每小时应通过19个车次，而交通高峰时间经常只能通过9个车次；行驶在三环路的300路公共汽车，正常行驶一圈应是110～120分钟，而现在经常要花160分钟。[3]

在中国的许多城市，道路承受的交通压力也远远超过其所能容纳的最大限度。厦门富山大转盘设计的交通流量是每小时4500辆，但实际最高峰达到

---

[1] 参见：《一片反对声中伦敦开征交通拥挤费》，http://www.jcrb.com/n1/jcrb19/ca22336.html。

[2] 参见：《为交通拥挤开药方》，http://eladies.sina.com.cn/auto/1999-7-5/4206.shtml。

[3] 参见：《〈城记〉：北京城会被迫迁都吗?》，http://news.xinhuanet.com/book/2003-11/26/content_1199395.html。

11000多辆,平时高峰期也达到9700辆。[1]

拥挤不堪不仅突出表现在城市交通上,城市生活的其他各个方面都表现出人满为患、拥挤不堪的状况,诸如住房、行路、购物、看病等。在北京,二环以内的古城区,登景山俯瞰,20世纪五六十年代还是一片绿海,可现在是绿少楼多。世界许多大城市都是如此。

对于住房拥挤问题,英国阿萨·勃里格斯在其《英国社会史》一书中称19世纪的城市住宅为"拥挤和嘈杂不堪的非人住所"。他引证一个材料说,约翰·西蒙爵士,一位公共卫生的倡导者,在1854年的《关于伦敦城的卫生条件的报告》中指出:"三五个家庭挤在一间12平方英尺或更小的房子里……像牲口那样杂乱亲近,这并非不寻常的事情。"像"过分拥挤"和"贫民窟"这样一些词,在19世纪早期尚属新创,而到该世纪末,人们则越来越感受到它们的现实性了。[2]马克思曾就伦敦住房拥挤问题一针见血地指出:"就住宅过分拥挤和绝对不适于人居住而言,伦敦首屈一指。"接着,他引用一位医生的话说:"'在伦敦,大约有20个大的贫民区,每个区住1万人左右,这些人的悲惨处境超过了在英国其他任何地方所能见到的一切惨象,而这种处境几乎完全是由住宅设备恶劣造成的;在这些贫民区,住房过于拥挤破烂的情形,比20年前糟得多'。'即使把伦敦和新堡的许多地区的生活说成是地狱生活,也不算过分'。"[3]

在今天的许多城市里,居民能挤着住还算好的,不少城市居民无家可归、无家可言或因住房问题解决不了而难以成家,有的流浪街头,随地露宿,甚至栖身墓地。据有关资料显示,全世界仍有10亿人住房得不到保障,其中5亿城市人口的住房条件极差,1亿人无家可归。非洲、拉美和亚洲一些大城市有半数人口居住在贫民窟或窝棚里。在发达的西方国家,虽然人均住房面积比较大,但由于贫富不均,仍有为数不少的穷人无家可归。据统计,欧洲和北美有数以百万计的人露宿街头,其中美国约有300万人,仅在纽约市范围内就有60万至80万人,欧盟国家有250万人。住房问题影响了市容卫生,诱发多种疾病。全世界每年有1000万人因居住条件差、人口过密造成的环境卫生恶化和饮水不洁而死亡,有400万婴幼儿死于痢疾、霍乱等传染病。[4]

---

[1] 参见:《交通拥堵困扰厦门》,http://www.csnn.com.cn/csnn0309/ca193465.html。
[2] 参见李其荣:《世界城市史话》,湖北人民出版社1997年版,第121~122页。
[3] 转引自李其荣:《世界城市史话》,湖北人民出版社1997年版,第121~122页。
[4] 唐进修:《世界住房问题扫描》,http://www.zsnews.cn/oldnews/199812/28/zb603.html。

二、城市失业问题

从经济学意义上说，失业是指劳动力资源的非自愿闲置，是劳动力与生产资料相分离的一种状态。一百多年前，马克思曾经断言：在资本主义社会，失业是不可避免的现象，它是资本主义的专利。一百多年后的今天，实践证明：失业作为市场经济运行中的一种社会现象，并不是资本主义特有的现象，它在社会主义条件下同样严重地存在着。

中国的官方数据表明，1985年中国城市失业率为1.8%，1999年则上升到3.1%，即1999年只有580万城市居民失业。但是，即使是官方机构也承认这种统计存在局限性，因为"失业"的定义过于狭窄，并未包括大量"下岗职工"。[1]据有关专家估计，2003年中国城市失业人口达2400万人[2]，失业率大大超过官方公布的3%。2001年以来，中国城市劳动力市场始终处于供大于求的状态。2004年第四季度，全国117个城市向有关部门报送的本市劳动力市场职业供求状况信息表明，这些城市的用人单位通过劳动力市场招聘各类人员约347.4万人，进入劳动力市场的求职者约369.1万人，求人倍率约为0.94。[3]

三、城市贫困

贫困不仅指物质的匮乏（以适当的收入和消费概念来测算），而且还包括低水平的教育和健康、风险和面临风险时的脆弱性，以及不能表达自身的需求和缺乏影响力。[4] 这就是说，测量贫困可以从货币收入或消费额（即贫困线的划定）、健康与教育（最好的指标是死亡率）、脆弱性、是否具有一个公民应有的发言

---

[1] 参见王绍光：《开放性、分配性冲突和社会保障：中国加入WTO的社会和政治影响》，学说连线网，http://www.xslx.com/article1/messages02/2250.html。

[2] 参见张伊人：《"99度+1"经济过热与中国的"慈善家"》，财经时报网，http://www.caijingshibao.com/Mag/preview.aspx?ArtID=8375。

[3] 参见《2004年第四季度部分城市劳动力市场供求状况分析》，中国劳动力市场网，http://www.lm.gov.cn/gb/data/2005-02/02/content_61846.html。

[4] 这是世界银行在《2000/2001年世界发展报告：与贫困作斗争》中所确定的"贫困"概念。参见世界银行：《2000/2001年世界发展报告：与贫困作斗争》，中国财政经济出版社2001年版，第15页。

权和其他权势等多方面进行。[1] 城市贫困现象的出现，几乎是与城市的产生和发展同步的。世界上也几乎没有一个国家不为"城市贫困"所困扰。即使是发达的西方国家，"贫困线"以下的城市居民比例也很大。1977年，美国总人口的11.6%低于联邦法定贫困线，其中大都市地区贫民占都市总人口的10.4%，中心城市人口的15.4%收入低于联邦法定贫困线，而郊区贫民只占郊区人口的6.8%。[2] 今天，西方国家的城市贫困问题仍然非常突出，在几乎所有的西方城市中都可以看到露宿街头的人。美国的无家可归者已达580万，法国至少有80万。1999年，英国约有1450万人处于贫困之中。美国前总统克林顿说过，他们是一些"被社会抛弃和脱离社会的人们"，"如今生活在一个远离我们的世界上"。[3]

当然，发展中国家的城市贫困问题尤为突出。中国城市贫困人口已达相当大的规模。1995年，国家统计局对城市居民中的贫困面提出的一个基本估计认为，1995年度城镇贫困居民约为2428万人，占全部城镇居民总人数的8.6%；贫困家庭约为659万户，占总户数的7.6%。如果按绝对贫困范畴去推算，全国城镇贫困人口和家庭分别为1242万人和332.9万户。这是政府公开披露的最为权威的统计数字。在中国学术界，对中国目前贫困人口规模的估计存在着两种不同的看法。中国社会科学院社会学研究所唐钧是这样估计中国城市贫困人口的：约150万没能领到失业保险津贴的失业者，约310万没能领到下岗职工生活补贴的下岗无业者，加上190万停发、减发退休金的离退休人员，共计650万人。假设上述人员因收入减少或中断对两个被赡养的家庭成员产生影响的话，再加上民政部门传统的救济对象不到100万人，1997年，中国城镇贫困人口大约是1500万人左右。中华全国总工会的调查数字可以支持唐钧的观点，1999年，按照各地颁布的最低生活保障标准，中华全国总工会对家庭人均收入水平低于当地标准的企业职工（含退休职工）进行调查统计，得到的数据是420万户，1500万人。2000年8月，民政部对城镇居民最低生活保障制度的实施情况进行了调查，调查结果是，在全国城镇居民中，"应保未保"的对象将近1100多万，加上"已保"的对象300多万，两者相加为1400多万，也与上述结论非常相近。但是，按

---

[1] 按照世界银行的设定，脆弱性是指一个家庭和一个人在一段时间内将要经受的收入和健康贫困的风险，还意味着面临许多风险（暴力、犯罪、自然灾害和被迫失学等）的可能性。参见世界银行：《2000/2001年世界发展报告：与贫困作斗争》，第19页。

[2] 康少邦等编译：《城市社会学》，浙江人民出版社1986年版，第195～196页。

[3] 本刊课题组：《资本主义的新变化及其本质上的腐朽性——二论资本主义发展的历史进程》，《求是》2001年第4期。

中国社会科学院社会学研究所朱庆芳的估算,中国的城市贫困人口有3100多万。其根据是,1998年,下岗职工877万人,登记失业人员571万人,被拖欠退休金的退休人员约60多万人,加起来就是1500万人。加上其赡养的家庭人口,按两个人计算,就是3000万人。还有民政部门供养的城镇孤老残幼,大概100万人,所以共有3100多万人。现在城镇人口3亿多,算出来贫困人口的比重是8%。国家统计局1999年8月对15万户城市居民的抽样调查结果表明,其中20%低收入户的平均月收入只有124元,6%最贫困的人口人均月收入只有90多元。朱庆芳认为,这些调查数据可以支持上述3100万贫困人口的估计。国家计委社会发展研究所的杨宜勇支持朱庆芳的观点。杨宜勇认为,其实在下岗、失业的职工以外,还有1600多万停产、半停产和破产企业的职工,除去与下岗、失业重复统计的,就算还有30%的话,那也是500万~600万。从这种意义来说,朱庆芳的估计可能还是保守的。直到2001年,单靠估算来讨论中国贫困人口规模的尴尬局面被打破。2000—2001年,由英国伦敦政治经济学院的阿塔·侯赛因教授领衔,亚洲发展银行组织了一批国内外的专家共同进行了"中国城市贫困问题"的课题研究。在2001年10月举办的成果发布会上,亚行专家组披露:根据国家统计局城市调查总队提供的1998年的统计数据,专家们先用热量支出法和市场菜篮法测定各省的贫困线(最低生活保障标准),然后再据此计算出全国的贫困人口,结论是1480万人。亚行专家组的测算是以城调队住户调查的统计数据为基础的,运用的方法也是国际上常用的科学统计方法,因此,应该说这个研究结论是目前最科学、最有权威意义的数据。综上所述,可以得到这样一个印象:中国城市贫困人口的规模应该占中国城镇人口总数的比重为4%~8%,绝对数在1500万~3100万人之间。[1]

据世界银行的分析,全世界有众多的赤贫人口,在60亿总人口中有28亿人——约占总人口数的一半——每天生活费用不足2美元的,有12亿人——占总人口数的1/5——每天生活费用低于1美元的,其中44%在南亚地区。[2] 在许多发展中国家,城市贫困人口有相当比例,阿尔及利亚、哥伦比亚、洪都拉斯、印度尼西亚、斯里兰卡等国城市贫困人口的比例还在持续增加。参见表1.1。

---

〔1〕 本段落各项数据均转引自唐钧等:《中国城市贫困与反贫困报告》,华夏出版社2003年,第16~18页。

〔2〕 世界银行:《2000/2001年世界发展报告:与贫困作斗争》,第3页。

表 1.1. 部分发展中国家贫困情况

国家(地区)	国家贫困线以下人口(%)						国际贫困线		
	调查年份	城市	全国	调查年份	城市	全国	调查年份	每天生活费用不足1美元的人口(%)	每天生活费用不足2美元的人口(%)
阿尔及利亚	1988	7.3	12.2	1995	14.7	22.6	1995	<2	15.1
孟加拉国	1991—1992	23.3	42.7	1995—1996	14.3	35.6	1996	29.1	77.8
柬埔寨	1993—1994	24.8	39	1997	21.1	36.1			
中国	1996	<2	6.0	1998	<2	4.6	1998	18.5	53.7
哥伦比亚	1991	7.8	16.9	1992	8.0	17.7	1996	11.0	28.7
洪都拉斯	1992	56.0	50.0	1993	57.0	53.0	1996	40.5	68.8
印度	1992	33.7	40.9	1994	30.5	35.0	1997	44.2	86.2
印度尼西亚	1996	9.7	11.3	1998	17.8	20.3	1999	15.2	66.1
尼日利亚	1985	31.7	43.0	1992—1993	30.4	34.1	1997	70.2	90.8
秘鲁	1994	46.1	53.5	1997	40.4	49.0	1996	15.5	41.4
斯里兰卡	1985—1986	26.8	40.6	1990—1991	28.4	35.3	1995	6.6	45.4
泰国	1990		18	1992	10.2	13.1	1998	<2	28.2
突尼斯	1985	12.0	19.9	1990	8.9	14.1	1990	<2	11.6
越南	1993	25.9	50.9						
赞比亚	1991	46.0	68.0	1993		86.0	1996	72.6	91.7
哈萨克斯坦	1996	30.0	34.6				1996	1.5	15.3

资料来源:世界银行《2000/2001 年世界发展报告:与贫困作斗争》,第284~285 页。国家贫困线是各国政府所规定的贫困线。贫困线以下的城市人口是指生活在贫困线以下的城市人口所占的百分比,国家贫困线以下的全部人口是指生活在国家贫困线以下的人口所占的百分比。国际贫困线试图保持贫困线的实际价值在各国之间不变。每天生活费用不足1美元的人口和每天生活费用不足2美元的人口是指按1993年国际价格计算的每天生活水平分别低于1.08美元和2.15美元这一消费或收入水平的人口所占的百分比(分别相当于经购买力平价调整的1985年的1美元和2美元)。

四、难治的乞丐问题

乞丐问题也是全球性的普遍问题,世界各国包括西方发达国家如号称"人间天国"的美国,流浪于城市街头的乞丐也随处可见。

中国在自然灾害严重的20世纪60年代曾有大批以乞讨谋生的农民进入城市,政府将之收容,提供食宿并遣返回乡生产。改革开放后,随着城市失业人口比例的增加、大量农民工涌入城市、父母离异增多和各种自然灾害的发生,城市中的乞丐也骤然多了起来。目前,虽然由于国家统计局无此项统计数据,城市中乞丐的具体数量我们还不得而知,但在许多大中城市,尤其是一些经济比较发达的城市的繁华地段,特别是主要商业街、人行天桥、车站、码头、高档活动场所等,都可以见到乞丐的身影。根据一些零星材料分析,北京、上海、广州等特大城市的乞丐数目都不会少于1万人。[1] 而且,先前那些确因生活困难而进城流浪乞讨的乞丐比例在不断下降,而游手好闲、好逸恶劳和以乞讨流浪为生财之道的"乞丐"人数比例在上升,出现了日益明显的乞丐"职业化"趋向,从而使中国城市的乞丐问题复杂化,成为当前城市管理的一大难题。

中国城市乞丐问题的复杂性,表现在以下几个方面:

(1)乞丐群体结构日益复杂化。以前,乞丐主要是一些没有劳动能力和正当职业的残疾人、年老体弱者及无家可归者,是真正需要同情和帮助的人。现在,有许多是好逸恶劳、四肢健全的青壮年,他们家有花园楼房,出门车接车送,乞讨被他们视为可以很快发家致富的捷径。"外流外流,吃穿不愁;一趟外流,样样全有;三年外流,回家盖楼。"这一乞丐顺口溜表明,乞讨对某些人来说确实是有效的致富手段。乞丐中怀揣手机、万元存折的大有人在。媒体曾对某乞丐大款的账单曝光,发现在短短27天的"工作日"中,共进账2000多元,平均每天70多元,单日最高进账竟达550元。

(2)乞讨手段的多样化。有死磨软缠、强乞恶讨,甚至威胁敲诈者,也有守株待兔、谎言诡托者,还有利用道具假装残疾者、舞狮耍猴吹拉弹唱者。乞讨时,有的乞丐无所不要,有的乞丐则挑肥拣瘦、讨价还价;有的乞丐低声下气、委曲求全,有的乞丐气焰嚣张、恐吓叫骂。

(3)乞讨群体集团化、组织化。由于有些乞丐通过外出乞讨很快发家致富的先例,极大地刺激了同地区的其他人,于是就出现了家庭型、村落型的乞丐团伙,"共同致富"。这些团伙为了在大中城市的乞讨市场上获得必要的竞争能力,自发地组织起各种规模更大的丐帮组织,有严密的帮规,有首领,有分支机构,有人员分工。丐帮头子主要以暴力掌权,靠帮规约束帮众,同时负责给乞丐们分配活动地盘(直接影响乞丐的收入),调解乞丐间的纠纷。乞丐帮会具有准黑社会

---

[1] 邓伟志主编:《当代"城市病"》,中国青年出版社2003年版,第69页。

的性质,经常表现为团伙作案,聚众闹事。

因此,中国城市庞大的乞丐群体,不仅有损城市形象,还扰乱社会秩序,败坏社会道德,甚至成为滋生违法犯罪的温床。

城市乞丐问题的复杂性增加了治理的难度。无论是原先的收容遣送,还是现在的救助管理,都收效甚微。有些城市在节假日进行的一些突击性活动也时效甚短,时隔不久,庞大的乞丐队伍又会卷土重来。

五、公共安全问题

城市畸形发展,人口密集,酗酒、吸毒、投毒、爆炸、凶杀、卖淫、偷盗、抢劫等较农村为多,令人有不安全感。2002年1月,有关有人用含有艾滋病毒的注射器扎市民的传闻,造成天津全城不安,一时间,拥有900多万人口的特大城市的街道呈现出罕见的冷清,天津市民的眼中增添了从来没有过的警惕。据报道,在天津最繁华的商业区滨江道、和平路商业步行街,稀稀落落的行人,使这个有"天津王府井"之称的地方显得名不副实。一位出差来天津的山东人说:"如果光看街上的行人,不会相信这是一个大城市,就同我们老家的小县城差不多。"[1] 2002年冬至2003年春,发生在世界许多国家的大中城市,在中国的香港、北京、广州等大城市尤其肆虐的"SARS",引起了全世界居民的恐慌、不安。"SARS"疫情的传播当然是不分城市和乡村的,但为什么城市比乡村严重得多,冲击大城市比冲击小城市严重,受冲击程度最大的是特大城市?这与城市、大城市、特大城市本身的特点有关。城市尤其是大城市建筑密度大,人口集中且流动性大,人与人之间的空间距离近,而各种设施系统又密切连接,非常容易相互感染。这些使我们必须重新思考城市的规划、建设和管理。香港淘大花园,更典型地反映出城市规划与设计中的问题。淘大花园由于建筑密度过大,形成"风闸效应",加上竖向管道系统等因素,导致500户人家、1500多人的居民楼中有300多人受"SARS"感染。在突如其来的灾害面前,城市的应急反应机制没有迅速跟上,这彰显了城市管理系统的不健全。

六、环境污染

城市人口密集,在利用和消耗大量自然资源和能源的同时,产生大量的污染

---

[1] 参见:《天津"艾滋患者持针扎人"事件调查》,《南方周末》2002年1月24日。

物质和废弃能量。当这些污染物质和废弃能量超过城市环境的自身净化能力时,城市的环境就受到污染和破坏,对城市居民的健康和城市景观带来负面影响。根据环境科学家的分析,城市不仅对当地的环境产生影响,而且还对其邻近地区的环境产生较大的影响。这种影响主要表现在:农业与林业用地转化为城市与基础设施建设用地;开垦湿地;开采沙土石砾;建造大量建筑物;某些地区为了获取燃料甚至大肆砍伐森林;大量使用化石燃料引起严重的环境污染。城市的空气污染不仅危害城市居民的身体健康,而且还对远距离以外的蔬菜和土壤造成损害。小汽车与工厂大量集中在城市,加剧了全球城市的温室效应。城市通常位于发达的农业地区。如果大量农田变成了城市用地,将会影响到邻近地区农业的可持续发展。海滨地区的城市化还会破坏脆弱的生态系统,改变海滨地区红树林沼泽、暗礁及海滩等地形的原始水文特征,削弱了其保护生物物种免受侵害的功能。未经处理的城市污水从工厂、城市流出,污染了大量水体,许多城市的用水安全没有保障。

尽管随着经济的发展和居民收入的增加,有些在历史上曾经非常严重的环境问题今天有所缓解,但另外一些新的环境问题却日趋恶化,最明显的是大量消耗能源与制造垃圾。[1] 重庆以原煤为主的能源消费结构,造成这个全国重要的工业基地在1995年以来被列入全球十大重污染城市之中;在1999年度的全国46个重点城市环境综合整治定量考核排名中,重庆位居倒数第4名;在全国区域可持续发展的环境支持系统指数排名中,重庆列全国各省市倒数第3。重庆市的生态环境问题主要是废水排放量大,城市污水处理率低,水质污染突出。全市1999年排放废水13.28亿吨,其中工业废水9.02亿吨,近1/3未达标排放;生活污水4.26亿吨,集中处理率仅为7.0%。工业固体废物、生活垃圾产量大,大气污染严重。重庆市的环境空气质量属烟煤型污染,二氧化硫是首要污染物。2000年主城区年平均空气质量属较重污染,空气中二氧化硫、氮氧化物和总悬浮颗粒物年日均浓度分别为 $0.171\mu g/m^3$、$0.062\mu g/m^3$ 和 $0.204\mu g/m^3$,分别超标1.8倍、0.2倍和0.02倍。再者人均绿地少,水土流失严重。主城区人均绿地为 $2.08m^2$,只相当于全国城市人均绿地 $5.3m^2$ 的44.7%。加之重庆自然灾害频繁,尤其是地质灾害严重,对生态环境破坏较大。[2]

---

[1] 参见联合国环境规划署:《全球环境展望—3》之"第二章 环境状况和政策回顾:1972—2002",http://www.ces.pku.edu.cn/geo/geo3/index.html。

[2] 段小梅:《重庆市的可持续发展与生态环境建设》,中国可持续发展信息网,http://www.sdinfo.net.cn/xinxizhuanti/2004/xxzt-18.html。

城市环境问题的出现是因为环境负面影响在城市地区高度集中。改善城市管理可以缓解或避免日益严重的环境问题。例如,完善的城市规划就可以减少城市环境问题的负面影响。通过规划将人口集中布局,不仅可以节约用地,而且有利于节能和促进资源的有效回收利用。如果在城市管理中更加关注社会与环境的协调发展,包括提高资源利用效率、减少废物排放量、加强城市供水设施、通过污水处理和立法保护和管理水资源、制定回收利用计划、发展更加高效的废物回收利用系统、严格控制危险废弃物、建立公私部门在垃圾收集处理过程中的合作,在工厂生产与家庭生活中推广节能与生态恢复技术等,那么,快速城市化所带来的许多环境问题,特别是发展中国家城市发展带来的本来可以避免的环境问题都不会发生。例如,重庆的环境问题除能源消费结构上的原因外,环保投入严重不足,基础设施严重滞后以及生态意识、环境意识、可持续发展意识薄弱、生态环境建设的管理体制不合理也是造成其生态环境恶化的原因。

当代城市问题越来越突出和严重,对城市管理提出了严峻挑战。在工业革命后城市急速膨胀式发展的初期,城市管理的主要特点是,公共部门通过获得卫生和建筑许可,提供公共服务,进行城市基础设施建设投资,创立臃肿的各种政府管理机构。从那时起,私营部门和非政府组织在城市管理中的作用一直被排斥在外。今天,越来越尖锐的城市问题,已经不是政府部门所能独立解决的了。[1] 要解决当前的城市问题,只有调动各种力量,公共的和私人的,才能有所作为。要迎接城市问题前所未有的挑战,必须对现行的城市管理模式重新作出诠释,摒弃其中的大部分,从传统的城市管理走向现代城市管理。现代的城市管理是政府和各种非政府组织共同参与的城市治理过程,其范围也从简单的市政扩大到经济、社会、环境等城市社会事务的各个方面。

第四节 当代城市管理面临的压力

不仅现存的城市问题挑战城市管理,而且当代城市发展所处的新环境对城市管理也形成了新的压力。

---

[1] 参见《国际社会科学杂志(中文版)》第 20 卷第 2 期(2003 年 5 月),第 79 页。

一、全球化的压力

不同国度的人们正走上"全球一体化"的轨道,这已是不争的事实。美国学者赖克说:"我们正在经历一场变革,这场变革将重新安排即将到来的世纪的政治和经济。到那个时候,将不存在国家的产品或技术,不再有国家的公司和国家的工业。届时将不再有国家的经济,至少是像我们所了解的那样的概念。在国家边界以内将剩下的只是构成一个国家的人民。"[1]全球化,即资金、劳动、商品、信息等经济要素跨越国家疆域的全球性流动,对城市预示着什么?它既给城市带来福音,也给城市带来恶讯。

全球化把城市卷入同一个充满经济竞争和社会交换的世界。虽然,人们可以在任何地方,哪怕是偏僻的山谷,通过互联网做生意,但实际上,由于知识经济加速了面对面和非正式交流,并刺激了人们对会议、研讨会和年会的需求,这使更易于人们进行自由贸易的城市的重要性并没有降低。"许多城市仍然是后工业时代有效而极富生产力的地方……城市化的兴起是与全球化相伴而生的,并与日益增长的 GDP 颇有关联。"[2]全球化给城市带来的积极影响,可以概括为:(1)它带来城市居民福利状况的改善。(2)城市中心具有持久的重要性。国际大都市和地区城市都对经济繁荣起到了非常重要的作用,尤其是大都市,它成为后工业时代巨大而有效的生产基地。(3)促使民主程度的提高。经济全面进步增强了中产阶级的力量,互联网又保证了信息的传播,使团体之间的交流变得便利。[3]

全球化对城市的消极影响同样存在,具体表现在:(1)经济的两极分化等不平衡性日益加剧。两极分化既存在于世界的不同地区,也存在于许多国家内的不同区域之间。当前经济发展的悖论在于,当大多数地区变得越来越富裕的时候,它们的贫困人口也在增加。(2)经济转型和两极分化加剧了社会失序:移民增多、家庭破裂更为严重、社会隔离和社会结构的断裂加剧。(3)上述变化日积月累,便"累"到了政府的门口,造成了政府的巨大压力。无论是政策层面还是行政管理层面,地方政府都面临着公民更高的期望和更多的要求。创造就业机

---

[1] [美]罗伯特·赖克:《国家的作用》,上海译文出版社1994年版,第1页。
[2] 参见[美]汉克·塞维奇:《全球化有何新意?它对城市预示着什么?》,《国际社会科学杂志(中文版)》第20卷第2期(2003年5月)。
[3] 参见[美]汉克·塞维奇:《全球化有何新意?它对城市预示着什么?》,《国际社会科学杂志(中文版)》第20卷第2期(2003年5月)。

会和保持经济增长不仅是一个国家的政策问题,而且是每一位政府首脑、市长以及县、镇行政首长的职责。地方官员已经变成致力于发展经济和创造就业机会的推销员。与此同时,市民们期望和要求得更多,他们要求街道安全干净,要求留出开阔的空间,要求施行公平规则。虽然市民们期望更多而且常能得到更多,但他们对各级政府还是越来越不满。于是,越来越多的人对"重塑政府"和推动"私有化"、"公私伙伴关系"感兴趣。在欧美,这些新观念都被纳入一个更大的概念——地区"治理"。政府创新已经成为人们的口号,他们呼吁政府更负责、更透明。[1]

全球化使城市政府面临新的挑战和压力。在全球化时代,如果城市政府想满足市民要求,维持公共合法性,并应付日常压力的话,它们就必须更加负责任。

二、信息技术发展的压力

当代以信息技术为基础的"信息革命"是人类近代以来继"蒸汽革命"、"电子革命"之后的第三次科技革命。它区别于前两次科技革命的最大特点是:科学技术发展的速度越来越快;技术进步对经济增长的影响迅速提高。它引起现代社会产业结构和劳动结构的深刻变化;第三产业的比重越来越大;白领增多,蓝领减少。在西方国家,白领增多的直接后果是中产阶级力量的增强,而中产阶级作为沟通富裕阶层与贫困阶层的粘合剂,制约政府的能力有所提高,对政府提出的要求也相应提高。

信息技术的发展还导致了社会公共事务极度复杂化,且变化迅速,时限性增强。加之世界经济的全球化与区域化,使信息数量迅速膨胀。这样,旧的政府管理体制越发显得笨拙,变得穷于应付。"电子政务"、"数字城市"等的出现也就势所必然。而信息技术的发展与成熟也为城市政府运用信息技术改善管理提供了可能。

信息技术的发展与普及,也使政府与公民间的沟通更为频繁和便捷,这一方面使政府和其他公共部门的活动就像金鱼缸中的金鱼一样无时无刻不受到公众的审视和评判,另一方面使政府面临公民巨大的参政压力。以前只有靠政府才能办成一些老百姓不能办的事情,现在这些事情由现代科学和技术武装起来的老百姓也能办,甚至可以办得更好。政府有下放权力的要求,公民也有被重新赋

---

[1] 参见[美]汉克·塞维奇:《全球化有何新意?它对城市预示着什么?》,《国际社会科学杂志(中文版)》第20卷第2期(2003年5月)。

予权力的需要。

显然,信息技术的发展给城市管理带来了前所未有的挑战和机遇。

三、国内城市发展的压力

城市本身的快速发展导致城市居住空间的紧张,城市中心很快达到了饱和状态,逼迫市民向外迁移、向郊区迁移。于是,发达国家以城市为视点的郊区化和发展中国家以农村为视点的城市化,成为当代城市发展的新表征。虽然,城市化和郊区化是两个截然不同的概念,但所带来的结果都是城市的扩张或者说城市地域范围的扩大及城乡界限的日益模糊,大都市区开始出现,大都市区治理问题也相应产生。大都市治理问题的出现使政府的不可治理性进一步增加,在提升政府治理能力的同时,必须力求公众和非政府组织发挥更大的效力来支持政府的管理,必须扩大政府与非政府组织、社会、公众之间的广泛合作。

第五节 寻求理想的城市管理——现代城市管理学的课题

一、历代学者的探索和思想轨迹

各种城市问题出现之初,就引起了不同学科学者们的关注,他们努力寻求理想的、符合人类需要的城市管理模式。在很久远的年代,一些哲人、智者就对城市这一人类自己的理想居所作出了各种创造性想像与理性设计。美国学者刘易斯·芒福德在其《乌托邦系谱》一书中,从柏拉图的《理想国》到托马斯·莫尔的《乌托邦》,以至于20世纪初的乌托邦文学,搜寻出24个乌托邦的系谱,考察了人类近几百年来对"理想的城市是什么样子"的思考,发现不论是科学家还是文学家,他们对未来理想的城市设想都有着共同的理念——"把田园的宽裕带给城市,把城市的活力带给田园",目标是以城市和农村协调,两者融合为一体。[1]

英国学者埃比尼泽·霍华德是现代城市科学史上的划时代人物,他的《明日

---

[1] 参见叶南客、李芸:《战略与目标——城市管理系统与操作新论》,东南大学出版社2000年版,第35页。

的田园城市》[1]，从城市最佳规模入手，创造性地提出了建设一种集城市和乡村优点，而摈弃两者缺点的新型城市——田园城市的设想。人们后来给"田园城市"下了一个简短的定义："田园城市是为安排健康的生活和工业而设计的城镇；其规模要有可能满足各种社会生活，但不能太大；被乡村带包围；全部土地归公众所有或者托人为社区代管。"[2] 霍华德的构思将20世纪的城市规划和建设理论推向了科学化的新高度。

从19世纪末到20世纪，西方国家对城市功能与空间结构进行了大量深入的研究。例如，在城市形态方面，19世纪末西班牙人S.Y.马塔提出了"带形城市"理论，打破了传统城市"块状"形态的固有模式。1922年法国建筑大师勒·柯布西耶在其《明日的城市》和《阳光城》中，主张用高层低密度的办法来解决城市中心区的拥挤问题。20世纪30年代，美国建筑师F.L.赖特提出"广亩城市"设想，主张采用极低的密度来安排居住用地。城市内部结构方面，法国的T.嘎涅尔在20世纪初提出"工业城市"设想，第一次把现代城市的功能在用地上作了明确的划分，并且使各种不同功能的用地通过道路交通网络有机地联系起来。[3]

1933年，现代建筑国际会议在希腊雅典通过《雅典宪章》，意味着城市科学在城市建筑学、规划学发展的基础上获得了新进展。《雅典宪章》的重要立论在于城市是市民的生活空间，所以城市规划要以市民为主体，也就是说要以"人"为规划的主体。城市是数万人以上的生活活动空间，要使市民的所有生活活动有秩序的话，就得对其生活活动的空间与设施作综合性的规划。这表明，《雅典宪章》已超越了当时一般建筑、规划以空间形态为建设主体的城市理论，开始从多学科的结合上考虑到城市住宅、娱乐、交通、工业生产、文物保护等多方面的规划建设与管理。因此，它可以看做城市科学开始由近代城市单一规划、设计理念向现代综合管理建设理论过渡的重要里程碑。

城市科学在城市建筑学、规划学发展的基础上逐步壮大，并出现综合化趋势的同时，现代管理科学也在20世纪30至50年代迅速成长并趋向实际应用，涌现出了行为学、人际关系学、管理运筹学、组织结构理论、系统论、控制论等一大批管理科学理论，加之世界范围内城市化浪潮在20世纪的迅速兴起，城市学者

---

[1] 该书1898年10月以《明日：一条通向真正改革的和平道路》的书名出版，1902年发行第二版时改为现书名。

[2] [英] 埃比尼泽·霍华德：《明日的田园城市》，商务印书馆2000年版，译序第18页。

[3] 参见邹德慈主编：《城市规划导论》，中国建筑工业出版社2002年版，第5页。

们纷纷将20世纪以来的城市规划、设计以及经济学理论和新兴的行为理论与管理科学相结合,深入研究现代城市快速发展中的各类具体问题,现代城市管理学也就在20世纪五六十年代孕育诞生了。从国外有关文献来看,现代城市管理学在美国发展得较早。现在的美国,不仅一些大学专门开设了城市管理专业,设立了城市管理学位,拥有一大批获得学位的专业城市管理人员;而且还成立了美国公共管理学会、国际城市管理协会这样的专业机构,以此广泛联系城市和国家的管理专业人员。据有关统计资料表明,美国现已有4%的高级官员拥有城市管理的学位,他们都担负着很重要的城市管理职责。[1]

城市管理学的发展也是美国最为迅速,出现了各种不同的学术观点和理论学派。加州大学的城市社会学教授H.孔兹在《城市社会学理论和方法》一书中曾将之归纳为六大学派:(1)管理方法学派——认为城市管理是靠各种科学管理的方法,作为管理的工具而发挥管理的效能。(2)管理经验学派——认为城市管理是凭藉管理者经验的累积。经验愈多,管理愈好。(3)行为学派——认为城市管理应着重人性的因素,如何激励管理人员和市民自动自发,发挥潜力,乃是成功的要素。(4)社会学派——认为城市是社会体系的一环,亦即城市社区,是整个人类社会组织的重要部分,其管理制度与社会制度密不可分,故管理应考虑城市与社会的关系。(5)决策学派——认为城市管理的关键,在于管理者所作的决策,决策作得好,管理就成功;决策作得不好,城市管理就失败。(6)数量学派——认为城市管理可以用数学的方法,将管理资料作最佳的处理。[2]这些城市管理学术成果,为现代城市管理学的继续发展提供了扎实的科学理论基础。

二、当代各国的城市管理改革实践

当代各国为解决城市问题的努力并不囿于既有的城市管理理论,而是在实践中努力寻找城市问题的症结所在,并在此基础上探索建立新的更有效的城市管理模式。

美国是城市管理理论发展极为迅速的国家,也是城市问题非常严重的国家。

---

[1] 参见叶南客、李芸:《战略与目标——城市管理系统与操作新论》,东南大学出版社2000年版,第44页。

[2] 参见叶南客、李芸:《战略与目标——城市管理系统与操作新论》,东南大学出版社2000年版,第44~45页。

早在20世纪80年代初,美国著名作家西奥多·怀特就忧心忡忡地指出:"美国的城市已越来越成为我们文明的绝境。越来越多的金钱用来拯救我们的大城市……然而城市却依然处于绝境,比我们历史上任何时期都更不安全和更加可怕。"[1]于是,人们对政府和政治的不满溢于言表。各地方政府也被迫作出反应。20世纪70年代中期以前,美国明尼苏达州的圣保罗市曾是一个破败不堪的霜冻地带城市,看上去已处在垂死边缘。其人口已降到大萧条以前的水平之下,人们预计人口和投资还会流失到郊区去。乔治·拉蒂默于1975年当选为市长,他明白,靠征税来解决圣保罗市的问题是绝对没有希望的。于是,他着手"利用这个城市的资源","加上私营部门中大得多的资源"来行事。拉蒂默从圣保罗市衰败最明显的象征——市中心开始着手。他利用首批联邦城市开发拨款中的一笔资金,与一家私营公司合作,在市中心一处有两个街区见方的大坑上——一直空在那里等待房地产开发商的地方,建造了一家直接利用太阳能的旅馆、两幢高层的商用办公大楼、一个带玻璃顶棚的城市公园、一个三层楼面的室内购物中心。后来,拉蒂默和他的同事们把垃圾收集和该市的青年服务局交给私营部门去办;利用志愿者管理该市的公园、娱乐中心、图书馆、健康中心,这些志愿者们所贡献的时间价值数百万美元;同各家基金会建立伙伴关系,利用基金会的钱对一些破败的地区进行投资开发。总之,拉蒂默通过不断地在公营部门之外促成种种解决城市问题的办法,得以在增加政府影响的同时又精简了12%的市政府雇员,把预算和财产税的增长率保持在通货膨胀率之下,减少了城市的债务。他没有大量裁员,又使政府雇员的生活更加富裕,给了广大选民所想要的东西——一个少花钱多办事的政府。[2]拉蒂默的改革在美国的许多城市相继出现,加利福尼亚州的维塞利亚市、首都华盛顿、印第安纳州的印第安纳波利斯市、马萨诸塞州的洛厄尔市、新泽西州的纽瓦克市以及旧金山、波士顿等。他们的改革可以说并没有什么宏伟的战略,但他们从根本上给政府在城市管理中扮演的角色重新下了定义:"市政当局将会越来越经常地规定自己扮演催化剂和促进者的角色。市政当局将会越来越多地规定自己的任务是确定问题的范围和性质,然后把各种资源手段结合起来让其他人去解决这些问题……"[3]。

---

〔1〕 转引自[美]戴维·奥斯本、特德·盖布勒:《改革政府——企业精神如何改革着公营部门》,上海译文出版社1996年版,译者序第3页。

〔2〕 参见[美]戴维·奥斯本、特德·盖布勒:《改革政府——企业精神如何改革着公营部门》,上海译文出版社1996年版,第1~2页。

〔3〕 参见[美]戴维·奥斯本、特德·盖布勒:《改革政府——企业精神如何改革着公营部门》,上海译文出版社1996年版,第3页。

1978年，美国亚利桑那州菲尼克斯市决定把垃圾收集工作承包给私营公司经营，从此开始了公营经济和私营经济进行竞争的试验。在菲尼克斯市，竞争机制不仅应用于垃圾收集工作，而且还应用于废渣填埋、停车场管理、街道清扫、道路维修、食品和饮料经营特许、印刷和治安。从1981年至1984年，该市与私营公司签订的大型承包合同，从53项增加到179项。改革发现，竞争带来的最明显好处是提高效率，即投入少产出多。纽约市的市长发现，将纽约市的公共卫生部门同纽约市及其周围地区的私营部门作比较，私营承包商收集每吨垃圾花费约17美元，而公共部门却要花费49美元。[1]

戴维·奥斯本和特德·盖布勒在其合著的《改革政府——企业精神如何改革着公营部门》一书中对美国城市的种种改革做法作了列举，并把这一系列改革的实质称之为是从官僚制政府向企业化政府的转变。来自于改革实践的企业化政府理论也就应运而生。

推行强制性竞争投标是英国20世纪80年代以来城市管理改革的重要举措。竞争投标最初限于所谓的蓝领工作。1980年的《地方政府、计划与土地法》明确了引进强制性竞争投标的要求，并提出了强制性竞争投标的范围和工作领域是新的建筑、建筑物的修缮和维护、高速公路的建造和维护。1988年的《地方政府法》把强制性竞争投标计划扩展到垃圾收集、街道清扫、建筑物清洗、学校的供应和福利、其他娱乐项目、交通工具维护、庭园维护、运动和娱乐设施的维护。[2]如果中央政府将地方政府的某一供应领域置于强制性竞争投标下，这就意味着地方政府若想让其内部单位来提供服务，除非地方政府的内部单位能赢得投标，否则地方政府不能把工作交给其内部单位完成。强制性竞争投标的推行，促进了公共服务领域公与私之间的竞争，使私营部门有与公共部门公平的竞争机会，参与提供公共服务。

政府与非政府组织及私营部门共同提供城市公共服务，似乎成了20世纪80年代以来世界各国城市管理改革的主要趋势。这使传统的把城市管理理解为城市政府单一主体的行为的管理理念，被新的城市管理是政府、各种非政府组织、私营部门共同参与的城市治理过程的"治理"理念所替代。

---

[1][美]戴维·奥斯本、特德·盖布勒：《改革政府——企业精神如何改革着公营部门》，上海译文出版社1996年版，第54～58页。

[2]于军编译：《英国地方行政改革研究》，国家行政学院出版社1999年版，第41页。

三、健全的城市管理：内罗毕宣言

20世纪末，改善城市管理成为一项引起国际社会关注的全球运动。2000年5月，联合国人类住区中心（人居中心、生境中心）在肯尼亚首都内罗毕召开全面审查和评价《生境议程》实施情况的大会特别会议筹备委员会第一届会议，发表了关于《健全的城市管理：规范框架》的宣言草案，旨在发起一个"健全的城市管理全球运动"，借以在日趋城市化的世界中实现《生境议程》关于可持续的人类住区发展的目标。该运动的目的是通过改进城市管理而实现"包容性城市"。

所谓"包容性城市"，是指城市中的每个人不论财富、性别、年龄、种族或宗教信仰，均得以参与城市所能提供的生产性机会。因此，包容性既是目标，也是一个过程。参与式的决策过程就是实现包容性城市的重要手段。该运动的具体目标是：第一，增强地方政府和城市利益攸关者实行健全的城市管理的能力；第二，在全世界提高认识和提倡健全的城市管理。上述目标将通过下列组成部分和重大产出来达到：(1) 倡导和规范辩论：通过拟定例如地方自治世界宪章草案和健全的城市管理规范宣言草案，草拟、促进和进一步改进有关健全的城市管理的全球规范。(2) 提高认识：推广最佳办法、好的政策和行动计划；拟定良好管理的指标和良好管理的指数；发表关于妇女在城市管理中的作用的政策文件和关于世界各城市状况的定期报告。(3) 业务活动：示范项目、促进"示范城市"和能力建设。(4) 参考材料编制：根据实际经验和能力建设的需要，编写参考材料。通过出版一套健全的城市管理丛书，将这些材料提供给所有的合作伙伴。草案认为，提倡健全的城市管理，理由是显而易见的。现在人类的大部分都生活在城市，城市化的趋势看来是不可逆转的。城市作为经济和社会发展的引擎，有着巨大的潜力，可以通过规模经济创造工作机会和构想。但是，今天的城市也会产生和强化社会排斥，使穷人、妇女、青年、宗教和民族中的少数以及其他边缘化群体得不到城市生活的惠益。"生境中心"从其城市工作15年来得到的经验是，实现"包容性城市"的关键并不是钱，也不是技术，而是健全的城市管理。宣言草案给城市管理赋予了新的内涵，认为"城市管理是个人和公私机构用以规划和管理城市公共事务的众多方法的总和。这是一个调和各种相互冲突或彼此不同的利益以及可以采取合作行动的连续过程。它包括正式的体制，也包括非正式的安排和市民的社会资本"；城市管理是与全体市民的福利紧紧连在一起的。健全的城市管理必须使女人和男人都能享受到城市公民的利益。基于城市公民资格原则上的健全的城市管理，强调任何人，无论男女老幼，均不得被剥夺取得城市生活必要条件的机会,包括适当的住房、房屋租用权保障、安全的饮水、卫生、清洁的环境、保健、教育和营养、就业、公共安全和流动性。通过健全的城市管理,使市民们得到发表意见的讲坛,充分发挥其才智,以便改善其社会和经济状况。为此,宣言草案提出了健全的城市管理的七项标准:可持续性、权力下放、公平性、效率、透明度和责任分明、公民参与和公民作用、安全保障。宣言草案进一步提出,称得上"健全的"城市管理,必须能确保每个人都平等分享到城市生活的利益。[1]

四、中国城市管理的改革走向

面对新的挑战,中国的许多城市也在推进管理改革。以上海为例,20世纪90年代中期以来,随着城市经济、社会的迅速发展,这座国际大都市在完善城市管理体制、机制,提高城市管理效率等方面,进行了认真深入的研究和积极的探索,在多方面形成了突破。例如,在体制方面,完善了"两级政府、三级管理"的城市管理新体制,增强了区级政府的经济、社会管理职能,并要求区级管理部门根据工作需要向街道下放管理权限,加强社区层面的工作力度。在城市管理机构方面,经过90年代上半期的调整,到1997年,上海市城市建设与管理机构中,政府职能部门有上海市建设委员会,主管全市城乡建设和城市管理;市政工程管理局、公用事业管理局、园林管理局、环境保护局、环境卫生管理局、房屋土地管理局等职能部门的业务工作归口上海市建设委员会。还有上海市人民政府交通办公室、上海市人民防空办公室等相关机构。议事协调机构有上海市规划委员会、上海市市政管理委员会、上海市爱国卫生运动委员会、上海市精神文明建设委员会、上海市绿化委员会和上海市创建国家卫生城市领导小组。2000年,上海市继续进行机构改革。经过改革,城市管理机构中不再保留市政管理委员会,市政管理委员会办公室与建设委员会合并,组建上海市建设和管理委员会。不再保留水利局,组建水务局,承担水资源管理、供水及城市规划区地下水开发和利用管理、市政排水和污水处理管理等职能。房屋土地管理局与地质矿产局合并,组建房屋土地资源管理局。组建城市交通管理局,承担公路运输、内河客运管理、轨道交通管理、城市公共客运和出租汽车客运管理等职能。园林管理局调整为部门管理机构,并更名为绿化管理局,由建设和管理委员会管理。在环境卫生管

---

[1] 参见联合国全面审查和评价《生境议程》实施情况的大会特别会议筹备委员会第一届会议临时议程项目:《健全的城市管理:规范框架》,http://www.un.org/chinese/events/Habitat/15.html。

理局的基础上组建市容环境卫生管理局,由建设和管理委员会管理,承担环境卫生、市容管理等职能。保留环境保护局、城市规划管理局等机构。这样,上海市基本上做到了城市管理方面业务属性相同或相近的机构归属于一个部门领导和管理。在城市管理法制建设方面,涉及市政、公用基础设施以及交通、环境、居住、施工等的管理立法,已基本形成一个由地方性法规、政府规章和规范性文件三个层次组成的框架体系,并加强了城市管理综合执法,使城市管理法制建设从"重立法"向"立法执法并重"转变。[1]

经过改革,上海市的城市管理架构及运作呈现出以下特征:(1)模式特征为经济—社会主导型,即城市政府既要完成规定的城市经济发展目标,又要承担大量社会公共管理职能。(2)体制特征是分级分权管理,管理重心下沉,管理服务直接面对城市居民和企业,市级管理机构得到精简,管理效率不断提高。(3)运行机制特征仍以有关法规和政府政策为主要载体,其中,政府政策是城市管理运行的基轴。(4)方式手段特征表现为多元化,即法律手段、经济手段、行政手段和技术手段并用。(5)技术特征表现为已具备了较先进的硬件,并采用了一定数量的软件,如城市轨道交通的电脑化管理、居民住宅小区的智能化管理等,管理效率大大提高。[2]

五、理想的城市管理:治理与善治的探索

当代各国的城市管理改革的基本趋势是走向现代城市治理与善治。而和这种治理与善治实践相应的关于治理与善治的理论,可以看做是思想家们对理想的城市管理的一种理性探索。

治理与传统的管理不同。传统的管理偏重于运用政府的权威进行单向度的控制,而治理是一种上下互动的协调过程,它寻求各个主体间的协调;管理的主体是政府,而治理既涉及政府部门,又涉及私人部门;管理依靠正式的规章制度,治理主要通过合作、协商、伙伴关系、确立认同和共同的目标等方式实施对公共事务的管理。当然,治理也可能失效。如何克服治理的失效,如何使治理更加有效?不少学者在"治理"概念的基础上,提出了"良好的治理"即"善治"的概念,作为对上述问题的回答。

---

〔1〕 参见李琪主编:《新世纪中国特大城市公共行政管理——以上海为个案的发展战略研究》,文汇出版社 2003 年版,第 53~59 页。

〔2〕 丁健:《现代城市经济》,同济大学出版社 2001 年版,第 238~239 页。

善治意味着什么？它包含哪些要素？这是理论家们尚在争论中的问题。内罗毕宣言提出的"健全的城市管理"的七项标准：可持续性、权力下放、公平性、效率、透明度和责任分明、公民参与和公民作用、安全保障，是对善治的一种描述。而一位法国的银行家认为，构成善治的要素有四："(1) 公民安全得到保障，法律得到尊重，特别是这一切都须通过司法独立，亦即法治来实现；(2) 公共机构正确而公正地管理公共开支，亦即进行有效的行政管理；(3) 政治领导人对其行为向人民负责，亦即实行职责和责任制；(4) 信息灵通，便于全体公民了解情况，亦即具有政治透明性。"[1] 我国学者综合各家在善治问题上的观点后，认为善治的基本要素有：(1) 合法性。它指的是社会秩序和权威被自觉认可和服从的性质和状态。它与法律规范没有直接的关系，从法律的角度看是合法的东西，并不必然具有合法性。只有那些被一定范围内的人们内心所体认的权威和秩序，才具有政治学中所说的合法性。合法性越大，善治的程度便越高。(2) 透明性。它指的是政治信息的公开性。透明性要求政治信息能够及时通过各种传媒为公民所知，以便公民能够有效地参与公共决策过程，并且对公共管理过程实施有效的监督。透明程度愈高，善治的程度也愈高。(3) 责任性。它指的是人们应当对自己的行为负责。责任性意味着管理人员及管理机构由于其承担的职务而必须履行一定的职能和义务。公众，尤其是公职人员和管理机构的责任性越大，表明善治的程度越高。(4) 法治。法治的基本意义是，法律是公共政治管理的最高准则，任何政府官员和公民都必须依法行事，在法律面前人人平等。法治是善治的基本要求，没有健全的法制，没有对法律的充分尊重，没有建立在法律之上的社会秩序，就没有善治。(5) 回应。这是责任性的延伸。其基本意义是，公共管理人员和管理机构必须对公民的要求作出及时的和负责的反应，不得无故拖延或没有下文。在必要时还应当定期地、主动地向公民征询意见、解释政策和回答问题。回应性越大，善治的程度也就越高。(6) 有效。这主要指管理的效率。善治概念与无效的或低效的管理活动格格不入。善治程度越高，管理的有效性也就越高。

治理理论提出的"善治"，作为一种理想的城市管理形式，是当代西方各国在城市改革中所追求的目标。我国的城市管理改革也正在向这个方向努力，但我国的城市管理离善治还很远，要实现我国城市管理向善治的转变，将是一个十分复杂和艰巨的过程。

---

[1] 参见[法]玛丽-克劳德·斯莫茨：《治理在国际关系中的正确运用》，《国际社会科学杂志》(中文版)1999年第1期。

第二章　城市管理体制

城市管理体制是支撑城市管理系统的骨架和支柱，先进、合理的城市管理体制是科学、现代化的城市管理的组织和制度保证。西方国家在其城市管理发展的不同时期有不同的城市管理体制，同一时期的不同城市因其市情的差异也有不同的城市管理体制，其意都在追求符合现代化城市管理需要的科学合理的城市管理体制。中国的城市管理体制经历过建立、发展、改革和完善等多个阶段，但目前仍然存在着不适应现代化城市管理需要的许多问题。完善城市管理体制，科学设置城市管理机构，形成合理的城市管理组织体系，是中国城市管理现代化的需要。

第一节　城市管理体制概述

一、城市管理体制的含义

城市管理体制是指城市管理的组织结构、职能结构、管理方式和运行机制的总和。在我国，城市管理体制主要指城市政府管理体制，它既包括城市政府与其上一级政府（如中央或省政府）间的职权划分和相互关系，城市政府职能机构与其上一级政府职能机构间的职权划分和相互关系，也包括城市政府与其下一级政府（如区或县政府）间的职权划分和相互关系，城市政府职能机构与其下一级政府职能机构间的职权划分和相互关系。前两项可概括为城市外部管理体制，后两项则是城市内部管理体制。

城市管理体制在本质上是国家政权组织形式在城市的延伸。在西方国家，城市管理体制的形式多种多样，如美国，有市长议会制、市经理制和市委员会制等不同形式。英国实行市议会制，市议会就是市政府；而在法国，市长在执行中央政策方面有很大的权力,不受市议会的制约,反映了中央集权的需要。城市管理体制形式上的多样性取决于各国社会各阶级、阶层、社会集团力量的对比,以及经济发展水平、政治体制和历史传统等具体国情。我国的国家政权组织形式是人民代表大会制度,这决定了我国城市管理体制的主要形式是市人民代表大会制。市人民代表大会是城市国家权力机关,它具有广泛的代表性和民主性,拥有监督市一府两院的权力,中共市委要善于把自己正确的决定转化为市人民代表大会的意志。

城市管理体制的核心是城市的权力在国家机构、政党组织之间的配置及其相互制约的关系。城市管理体制规范城市中的国家机构之间、政党组织与国家机构之间以及国家机构上下级之间的关系,涉及许多方面,如决策的审批权、人事任免、经费分配、业务指导和工作联系等,但是,其中的核心是城市中的国家权力在代议机构、行政机构和司法机构之间,在政党组织与国家权力机关之间等的配置及其相互制约关系。这种权力配置,表现为各种公共政策的决策权、执行权和监督权在城市的国家机构、政党组织之间的分权与制衡。在西方国家,如英国,市议会就是市政府,市议会独揽城市公共政策的决策权和执行权;而美国实行市长议会制的城市,在决定和执行公共政策方面,市长和议会相互制约。但是,西方国家城市权力的中心,既不是在城市的议会、政府或法院,也不是在城市的政党组织,而是在城市的商会,尤其是在商会的少数头面人物的手中,城市公共政策中的重大问题的决定,其实是在他们之间的冷餐会、舞会和高尔夫球比赛等中作出的,这是由西方国家的国体决定的。我国城市权力的中心在中共市委,尤其是在市委常委,这是由社会主义制度和现阶段我国的国情决定的。[1]

二、城市管理体制的内容

城市管理体制的内容有三个方面:

1. 城市的代议机构、行政机构和司法机构之间的关系。从依法治市的意义上说,城市的代议机构、行政机构和司法机构之间的关系,是立法、执法、司法的分工合作关系。西方国家的城市立法机构在法律规定的事权范围内,一般都有制定地方性法规的权力。我国的直辖市或省会城市、经国务院批准的较大城市的人大及其常委会具有制定地方性法规的权力,其他地级市和一般的县级市的人大及其常委会则具有为执行法律和地方性法规而通过决议的权力。城市的行

---

[1] 参见张永桃主编:《市政学》,高等教育出版社2000年版,第110～111页。

政机构担负着执行立法机构的法规与政策,管理社会公共事务,为社会发展与人民生活水平的提高提供服务与保障的责任。城市的司法机构则负责通过监督、审判国家机构、社会团体、企事业单位和公民的违法行为,保障法律的权威,维护正常的社会秩序。正是围绕着法律的制定、执行和保障,城市的代议机构、行政机构和司法机构之间,形成了相互联系、相互依存,又相对独立和相互制约的关系。

2. 城市的国家机构与政党组织、社会团体之间的关系。城市的国家机构是统治阶级的工具,而统治阶级是受由它的骨干分子所组成的政党领导。所以,无论在西方国家还是在中国,城市国家机构都受到统治阶级的政党组织的领导,尽管这种领导的途径和方式有很大的不同。在现代民主的形式下,市民主要是通过参加各种社会团体和社会团体对国家机构和政党组织的利益表达,来参与城市的政治决策和公共事务管理,监督城市国家机构的工作。由于市民或者通过社会团体直接对代议机构或行政机构进行利益表达,或者通过社会团体向政党组织进行利益表达,因此,随着民主的发展,城市的国家机构与政党组织和社会团体的关系,只会越来越密切,而不是相反;而且,政党组织能否通过竞选在城市的代议机构中占有多数席位,在很大程度上取决于争取到更多社会团体的支持。所以,社会团体对城市的国家机构,会有越来越重要的作用。

在城市管理体制的内容中,城市的政党组织与国家机构之间的关系,城市的代议机构与行政机构、司法机构之间的关系是两对基本的关系,它们决定和制约着城市管理体制的其他关系。在我国,中共市委与城市的国家机构间的关系是城市管理体制的主要关系,它决定和主导着城市管理体制的其他关系。因为中共市委对城市的国家机构处于领导地位,它处在城市政权的中心,对城市的国家机构起领导作用,不仅直接决定着它与城市的国家机构的关系,而且间接主导着城市的代议机构、行政机构、司法机构之间的关系;社会团体对城市国家机构的利益表达,主要是通过中共市委集中后,转化为权力机构的意志,而城市的国家机构的决定,则由中共党组织带领市民实施;市与区县的关系,首要的是市委与区委、县委的关系。市人大与市政府的关系,仅次于市委与城市的国家机构的关系,它对城市管理体制的其他关系,也具有重要的制约作用。因为对城市社会的管理,主要是由市人大和市政府来承担的,在民主与法制的条件下,市人大负责决策,而市政府负责执行,市人大对市政府的有效监督和市政府有效的行政执法,可以减小司法执法的压力;市人大把社会团体的利益表达转变为权力机构的决策,市政府再把这种决策转变为现实;市与区县的关系,更多的是市级代议机构、行政机构与区县代议机构、行政机构的关系。在西方国家,市议员、市长和市政府的政府官员都具有政党背景,他们用政党的纲领和政策指导城市的立法和行政活动;在西方国家,少数大城市辖区,区的议会和政府必须执行市议会的立法,服从市政府的执法。

3. 市级国家机构与所辖区、县的国家机构之间的关系。城市辖区,是由于城市的规模较大,根据管理的幅度与效益相关的规律,在市级政府下有必要设置市辖区政府,增加必要的管理层级,从而缩小管理幅度,提高管理效益。城市辖县是由于在经济上城市具有带动农村的作用,与此相适应,在我国实行市领导县的城市管理体制。市与所辖区、县的关系,包含着市级国家机构、政党组织与县级国家机构、政党组织之间的关系,它们是城市政权组织形式的重要组成部分,因而是城市管理体制的重要内容。

第二节 中国城市管理体制:历史、现状、问题和改革

一、我国城市管理体制的发展历史

我国城市的形成与发展是一个历史的过程,与此相对应,我国的城市管理体制也是在不断完善中形成的。在我国历代封建王朝,城乡之间在行政上并没有严格的划分,长期实行市县合一、州县领导市镇的管理体制,具体集中表现在:(1)京畿隶属于中央政府;(2)城邑、重镇隶属于州、县。

在中国封建帝制面临崩溃的前夜,清朝政府企图挽救危机,于1905年派员到西欧、日本诸国学习近代资产阶级国家的民主宪政和地方行政制度。1908年,清政府颁布了《城镇乡地方自治章程》,以改革古老的地方行政制度。该章程在中国地方政治制度史上第一次以法律的形式将城镇区域和乡村区域区别开来,确认城镇与乡同为县领导下的基层行政建制,并规定府、州、县治城厢为"城",城厢以外的市、镇、村、庄等,人口满5万以上的为"镇",不满5万的为"乡";同时,对于自治含义、城镇议事会、城镇董事会和自治监督等问题也作了规定,城、乡形成了不同的行政系统。辛亥革命爆发后,江苏省临时参议会于1911年11月制定了《江苏暂行市乡制》,把城、镇两种建制统一称为市,设立市行政机关董事会和立法机关市议事会,分掌行政和立法。市议事会选举总董事,相当于市长,综理全市政务。

1921—1922年间,北洋政府颁布了《市自治制》及其施行细则,确认市"自治团体"是地方国家行政单位的组成部分,并将市分为"特别市"和"普通市"两种。特别市的地位相当于县,普通市由县领导,与乡同级。特别市的监督为地方最高行政长官,京都市的监督为内务部,普通市的直接监督为县知事。特别市分区,市设市议事会为议决机关,设市自治公所为执行机关,设市参事会为执行辅助机关。市自治公所相当于市政府。市的职权是在法令的范围内办理自治事务,其主要事项是:教育、交通、水利、其他土木工程;劝业、公共营业、卫生、救济事业;其他依法给予市自治会的各项事务。1930年,国民党政府又制定了《市组织法》,废除特别市和普通市的划分,将市的行政等级分为直隶行政院和直隶省政府两种。市以下设区,区以下设坊,坊以下设闾,闾以下设邻,区、坊均设监察委员会。坊除设监察委员会外,还设调解委员会。《市组织法》经1943年修正,简化了设市标准,即院辖市为首都和人口在100万以上者及政治、经济、文化上有特别情形者;省辖市为省会和人口在20万以上者以及在政治、经济、文化上地位重要,其人口在10万以上者。市内行政体系为:"市以下为区,区之内编为保甲。"同时,将市政府的职权概括为执行上级政府的委办事项和办理本市自治事项。到1947年6月底,南京国民政府辖建制市69个,包括南京、上海、北平等12个院辖市,唐山等57个省辖市。至此,中国近现代都会和较大的工商业城市都成为一级行政区划和县以上一级地方政权,同时在法律上具有地方自治的性质。

新中国成立后,对设市标准和城乡划分作了更为严格的规定。1955年《国务院关于城乡划分标准的规定》和《国务院关于设置市、镇建制的规定》,对城乡界线、城市与集镇界线作了具体划分。规定:市是属于省、自治区、自治州领导的行政单位,聚居人口10万以上的城镇,可以设置市的建制。聚居人口不足10万的城镇,必须是重要工矿地、省级地方国家机关所在地、规模较大的物资集散地或边远地区的重要城镇,并确有必要时方可设置市的建制。到20世纪80年代,为适应经济建设发展和行政体制改革的需要,建市标准适当地放宽,出现了撤县改市、撤县并市、地市合并、以市管县的建市热潮。目前,我国的城市在行政上分为省级、副省级、地级、县级四个级次,组成城市行政系统,与省、县、乡等广大农村区域的行政系统一起,构成具有中国特色的城乡双轨制地方行政体制。

从我国城市政府行政管理的机构设置来看,从1949年新中国成立迄今,政府机构的结构调整大致经历了三次较大的变革阶段。

第一阶段是1949—1956年,这是城市政府机构体系初步建立和完善的时期,在对旧政府机构改组的基础上,形成了最初的城市政府机构设置格局。建国初期的城市政府大体上都是按民政、公安、财政、建设、文教、卫生、劳动等机构的格局设置的,并设财经委员会、人民监察委员会,以及市人民法院、市人民检察署。根据各城市的大小和工作的需要,机构大体上是10~20个。此后,市政府的机构虽有调整和精简,但基本上是增加的趋势。1956年市政府机构一般是20~40个。

第二个阶段是从1957—1976年的20年调整变动时期。这一时期城市政府机构的主要特点是,行政管理部门越来越多,越来越集中。1965年,城市政府一般下设政府办公室、财贸办公室、经委、计委、文卫办公室以及归于各口之内的民政、公安、财政、税务、粮食、商业、统计、劳动、文化、教育、卫生、工业、交通、城建等局和科委、体委、民委、侨委、宗教事务所、计生办、知青办、供销社、手工业社等,计20~50个部门。1966年开始的"文化大革命"使整个政治生活、经济生活和社会文化生活陷入全面混乱,各级政府机构都受到很大冲击。"文革"期间,各城市政府机构的设置和名称虽有不同,但基本特点一致,都是以各大组为龙头,形成工、农、财、建、文教等几个大口,各大组党政合一,成为市革委会和各局处之间的领导层次,原有的各局、处接受各大组的领导。

第三个阶段是从1977年以后,我国进入了城市管理体制深化改革并走向现代化的健康发展时期。20世纪70年代末各城市政府陆续恢复了"文革"前的机构设置,并新增设了一些经济管理机构,到1982年,达到建国以来的机构设置最高峰,市政府机构达50~70个。在1982年、1993年、1998年的国务院机构改革完成后,地方政府机构包括城市政府机构都进行了相应的改革,以期实现转变职能、理顺关系、精简机构、提高效率,建立起充满生机和活力的行政管理体制。

二、我国城市管理体制的特点

新中国成立以后,城市管理体制沿袭了市作为地方国家行政单位组成部分的内容和市县分治的行政区划体系,与地方的省—地区—县三级管理体制相平行设有直辖市(省级)—设区市(地级)—不设区市(县级)三级体制。1994年,16个重要城市被确定为副省级市。

我国现行的城市管理体制特点十分鲜明,主要有:

1. 市政模式的多样性。我国的城市按行政等级分为直辖市(省级)、副省级市、地级市、县级市四类。按规模等级分为特大城市、大城市、中等城市、小城市四种。城市的垂直管理上下关系复杂多样,包括市管市、市管县、市管区、市管乡镇、市管街区等多种管理模式。市的内部层级混合设置,在设区的市为二级(城区)和三级(郊区和县)混合设置,前者为市—区,后者为市—区(县)—乡(镇)。在不设区的市为一级(城区)和二级(郊区)混合设置,前者为市—级,后者为市—乡(镇)。为了管理的需要,市辖区和不设区的市的人民政府,经上一级人民政府批准,设立了若干街道办事处,作为其派出机关。

2. 建制的双重性。我国的市既具有一般地域型行政建制的性质,又具有专门城镇型行政建制的性质。市政府不仅要对辖区内的城市地区实施专门的管理,而且还要按地域对辖区内的农村进行一般管理。

3. 结构的同一性。我国宪法、地方组织法和有关法律对市的政权组织形式作了统一规定,市政权由市人民代表大会、市人民政府、市人民法院、市人民检察院组成。我国所有的城市政权组织都是按照这一模式设置的,市辖区的基层政权也是按这一模式设置的,具有高度的同一性。

4. 法律地位的非自治性。按照我国宪法和法律的规定,除民族自治地区的市以外,我国的市都不是独立自治的政治实体,而是享有一定自主权的地方行政单位。

5. 行政地位的等级性。由于我国不实行地方自治体制(民族自治地区除外),各级行政机关之间存在着行政隶属关系,一级人民政府既是本级权力机关的执行机关,又是上一级国家行政机关的下级机关,必须对其负责,接受其领导,同时,又必须领导下级人民政府的工作。而且,不同行政等级的城市享有不同的职权,如直接隶属于中央政府的直辖市,其地位相当于省,有权制定地方性法规,而县级市则不拥有这样的职权。

6. 城市管理职能的广泛性。在我国,城市政府管理的内容十分广泛复杂,它集工业、商业、农业、财税、金融、卫生、教育、科技、文化、体育、环保、城建、民政、公安、司法行政于一体,具有很强的综合性。城市政府不仅要管理城市地区,而且要管理所辖的农村地区;不仅要管理常住的非农业人口,而且要管理常住的农业人口和大量外来的流动人口;不仅要承担城市规划和建设任务,而且要抓好农村的基础设施建设,加快农村的城市化发展;不仅要解决城市发展带来的各种城市问题,而且要保护好农村耕地和生态环境。[1]

---

〔1〕 潘小娟主编:《市政管理体制改革:理论与实践》,社会科学文献出版社1998年版,第19～21页。

三、我国城市管理体制存在的问题

我国城市管理体制的基本框架是在传统的计划经济体制条件下形成,并与计划经济体制一脉相承的。改革开放以来虽经多次改革已有很大改善,但与市场经济的发展仍然不相适应。目前,我国城市管理体制存在的主要问题是:

1. 政企不分,政府职能严重错位。现在城市政府的管理机构既是城市公共事务的管理机构,又是企业的领导部门。城市政府包揽了许多本来不应由它管的事,而应该由它管的事又未能管好。

2. 条块分割。条块分割具体表现在城市建设规划和管理上的条块分割;城市土地使用上的条块分割;城市公共设施管理上的条块分割;等等。这种城市建设和管理上的条块分割,使得城市发展缺乏统一的规划、统一的分工和统一的管理。

3. 管理职责和层次不明。城市管理在总体上应统一,但许多具体工作应有分工,实行分级管理。然而,现在城市中管理层次混乱,各部门职责不清、互相扯皮的现象经常发生,这些都影响了城市管理的效率。

4. 规划、建设和管理脱节。城市规划是城市各项建设工程设计和管理的依据。但现在规划和建设却分属不同的主管部门,缺乏强有力的统一协调和管理。城市管理本应依法规和规划进行,但现在各管理机构多从本位出发,各行其是,这也严重地影响了城市建设和管理的统一性。

这里,我们着重就城市管理学中界定的狭义城市管理——当前市政管理的体制模式及其问题作一分析。长期以来,我国逐渐形成了一种"建管不分"、"以建代管"的城市管理体制。在这种体制下,城市建设部门与城市管理部门、城市管理部门与其他相关部门(如公安、工商、房地产、环保、卫生等)之间以及建设部门内部严重存在职能交叉、职责不清、关系不顺、管理弱化等问题。[1] 就市政管理职权结构和功能关系而言,当前国内城市管理组织模式主要有以下几种:

(1) 建管合一模式。在这种模式下,城市管理职能与建设职能混合交叉并集中配置于同一个政府职能部门,即建设委员会。其特点是:城市管理职能与城市建设职能合一,单位内部关系不顺;同时,由于建设委员会的工作精力大多放在"建设"上,造成"管理"弱化。

---

[1] 参见叶南客、李芸:《战略与目标——城市管理系统与操作新论》,东南大学出版社2000年版,第136~138页。

（2）多头分散模式。这种模式不设建设委员会，城市管理职能分别由几个独立平行的政府职能部门分散行使。例如，建设局管建筑工程，市政管理局管市政，环卫管理局管环境卫生，园林管理局管园林绿化等。其特点是：城市管理职能过度分散，形不成"综合管理"的拳头；同时，几个部门在经费分配、业务分工上也时有扯皮现象。

（3）综合协调模式。这种模式的城市管理职能主要是由一个非常设的城市管理机构即城市管理委员会行使。城市管理委员会由市长兼主任，有关分管副市长兼副主任，下设办公室，简称"城管办"，负责日常工作。其特点是：城市管理工作缺乏常规性。城管办不是政府职能部门，有的还是临时机构或事业单位，很难正常行使政府职能部门的职责。

（4）管理单一模式。这种模式不设"城管办"，只设市容环境卫生管理局，主管城市环境卫生工作。其特点是：把城市管理这个庞大的系统工程局限于市容环境卫生单方面。就职能配置而言，管理内容十分单薄。

（5）实体管理模式。这种模式仍以城市管理委员会为基础，但它将市政管理、园林管理、环境卫生管理等方面的职能划由"城管办"来行使。其特点是：管理内容具体、实在，但从体制上未能摆脱临时机构的束缚和影响。

上述"多种模式并存"的现象，其实质问题是"建管不分，以建代管"，建管主体既是建设者又是管理者，这种体制缺乏约束与被约束、监督与被监督机制，既影响城市建设职能的正常发挥，又影响城市管理职能的正常行使。

四、改革我国城市管理体制的基本思路

针对以上出现的林林总总的问题，我们发现无论是城市外部管理体制还是城市内部管理体制都必须进一步深化改革。

第一，在城市管理的职能体系上，必须体现合理性。要避免走向两个极端，即事无巨细、统包统揽的职能定位极端；全盘推向市场、由市场主宰的职能虚位极端。城市管理是一种投入大、见效慢、重复性极强的浩繁工程，政府统包统揽肯定会出现"管不了也管不好"的局面。然而，统统推向市场更不可取，利益驱动会使本来利小或无利可图的福利性的城市管理陷入无序混乱的尴尬境地。

第二，在城市管理的手段上，要善于运用市场机制的调节作用。一般说来，城市管理的手段可以概括为三个方面，即行政手段、经济手段和法律手段。这里，行政手段的运用职能必须首先得到确定。其经济手段要求城市管理的职能体系能够更多地体现经济杠杆的作用，实现间接管理。而法律手段则是为了实

现规范化的管理目标,当然,其途径是要注意法律法规的运用。

第三,在城市管理的具体操作上,要体现弹性原则,要坚持原则性与灵活性相结合,要求城市管理体制在付诸实施的诸环节中,能根据管理对象和外部环境的变化,相对灵活地作出调整。市场经济的变化性很大,机械地沿用刚性约束的体制是一种僵化的做法。在操作中必须做到将体制的机械的刚性与环境变化的灵活的适应性结合起来,具体做法是:首先,以体制的刚性约束性为基础保持相对的稳定性。弹性操作的前提是不应该同体制的基础特点相抵触。需要保持城市管理体制的正规性和固定性。其次,必须控制城市管理体制的基本结构模式、基本职能结构、基本组织结构,以及与其他部门机构间的关系。比如,同属城市管理体制的规划部门与综合管理部门分别实行"条条"、"块块"管理就比较适合我国的国情,不必遵循城市管理体制的"条块结合、以块为主"的原则约束。再次,关于体制的规范,要权责明确,使操作的弹性空间有约束,不能随心所欲、无章无法。

第四,在城市管理信息的收集、整理及运用结构上,应该呈现网络化的特点。现代管理与信息的关系非常密切,信息是决策、执行、沟通、检验、反馈等一系列管理活动的依据。特别是市场经济条件下的城市管理,一方面由于社会事务的增加,管理不断出现一些新问题、新情况,造成信息量的增长;另一方面,信息所反映的城市管理的内容涵盖了方方面面,错综复杂;还由于社会生活节奏加快,市场信号也越来越快,反映这种变化的信息也出现了快捷性的特点。正是由于信息的这些特点,造成城市管理对信息的依赖性越来越大。所以,城市管理的体制自身也必须具备对信息的学习、研究和利用的功能,而保障和强化城市管理体制的信息利用功能最便捷的手段是形成网络化的信息结构。信息结构是一个开放性的结构,要求在城市管理系统内部形成一个上上下下、左左右右都相互连成一个整体的系统,以便及时地收集、反馈和处理信息。城市管理正是通过对信息的分析、综合、总结,才能加深了解和把握管理对象及外部环境,通过检查和调整,不断提高决策和管理水平。[1]

---

[1] 林仙煌:《浅论城市管理体制改革》,《广东行政学院学报》2003年第2期。

第三节 外国城市管理体制及其改革

一、各国城市管理体制概况

英国的城市管理体制比较简单,城市政府的组织形式是市议会—委员会制。城市设市议会,由所在城市的选民直接选举产生的议员组成。有些城市的市议会议员任期四年,届满全部改选;有些城市则每年改选三分之一。议会不设参议员,少数社会名流可当选名誉参议员。议会领导人为议长,由全体议员和名誉参议员选举产生,议长通常也是市长。市长人选可以是市议员,也可以是有参选议员资格者。市长任期一年,由新当选的议会第一次会议或以后的年会选举产生,连选可连任。议长或市长是市议会主席,在会议中有投票权,但非议员者,不参与普通的投票,仅在表决赞成与反对票数相等时,才投决定性的一票。市长除主持市议会事务以外,多数活动是礼仪性的,他并不比其他议员拥有更多的权力。在英国,城市的行政职权由议会授权给各委员会行使。英国城市委员会的设置在各城市中没有统一的标准,主要依各城市的实际需要由城市议会决定,主要有警察、财政、卫生、消防、教育等委员会。英国城市政府的主要职能可以概括地划分为"环境的、私人的和保卫的"三类。"环境的"事务主要是指城市的公用设施,如公路、桥梁、街道、公用建筑、公共场所的建设、管理和维修,以及环境卫生等方面;"私人的"事务则是指教育、住宅、居民卫生,以及保护儿童、老年人、残疾人等福利事业;"保卫的"事务则是指警务和消防方面。

在法国,每个市镇的市镇政府由市镇议会、市镇长及若干市镇长助理组成。法国的法律规定,市镇政府的首要任务是实施中央的法律、法令,贯彻省长的指示,维护市镇的治安,编制市镇预算,管理市镇财产,制定市政规划,管理公路,发展文化娱乐,装备教育设施和处理空气污染等。法国境内可以说无土不市,本土共有 36500 个市,半数以上的市,人口不到 50 万人;人口少的不足一两百人。市议会,作为地方自治机关,由直接普选产生。市镇议会选举每 6 年举行一次,届满全部改选,全国同时进行。各市镇议会的议员人数根据市镇人口的多寡而定,少的仅9人,多的达69人,个别人口特别多的市如巴黎议会有163名议员。[1]
法国的市镇长—议会制有下列基本特征:

(1)市镇议会选举一位市镇议员为市镇长,但不能罢免市镇长。市镇长对市镇议会不负政治责任。中央政府对市镇长行使监督权,部长会议可以颁布法令撤销市镇长的职务,内政部长根据省长的请求可以发布政令停止市镇长职务一个月。这一体制适应了法国中央集权制的需要。

(2)市镇长兼任市镇议会议长。作为市镇议会议长,市镇长有权主持市镇议会会议、安排市镇议会的议程、召集市镇议会的特别会议等。

(3)市镇长有某种独立的立法权。这种权力来源于法国各级政府首长所固有的警察权,即他们有职责维护本地的治安和秩序,为此有权制定行政规章,经上级政府首长批准后生效,具有法律效力。

(4)市镇长在执行市镇议会的决议方面有一定的自由裁量权。这种权力来源于市镇长的双重身份,即他一方面是市镇政府的首长,另一方面是中央政府的代表。市镇议会就城市自治权限的事项通过决议,只能作原则的规定,并委托市镇长负责制定详细的实施办法。市镇长在制定办法时,应斟酌市镇议会决议的条款是否同中央的法律和行政法规相抵触,如果有抵触,在实施办法中应予以避免。市镇议会如果认为市镇长行使这种权力不当,可以向行政法院起诉。

美国的城市管理组织形态在世界各国中最为多样化。美国的城市政府主要有四种不同的类型:市长议会制、市委员会制、市经理制和市行政长制。

市长议会制起源很早,目前世界上许多国家的城市仍采取这种形式,它也是美国最古老、最普遍的城市政府组织形式。市长议会制又分为弱市长制和强市长制。所谓弱市长制,即市长空有其名,缺乏行政权,市政府各部门的首长大多由市民直接选举或推派人员担任,市长只能委任少数不重要的人员,且须征求市议会的同意。市长无法对下属使用处分权。对市议会的决议,市长虽有否决权,但市议会多数议员通过的决议,可使市长的否决权无效,市长的监督权也等于零。弱市长制的缺点在于:责任划分不清,行政不统一,市政容易被政治斗争所影响,所以,弱市长制并非是一种良好的市制。尽管如此,在美国仍有少数城市实行此制。19世纪后期,强市长制崛起,行政权集中于市长之手,政策的拟定为市议会与市长的共同职责。强市长制的特点是:负责立法的市议会与负责执行的市长同为民选产生,互相制衡。市民有权任免市长,不受市议会的制约,市议会只能行使市政决策及立法大权,不能干涉市行政事务。强市长制的缺点在于:

---

[1] 潘小娟主编:《市政管理体制改革:理论与实践》,社会科学文献出版社1998年版,第264页。

政治与行政不能密切配合，因而不能充分发挥城市的政治功能。

市委员会制的特点是将立法权和行政权集中于选举产生的市政委员会，地方事务由市政委员会集体负责。市政委员会通常由经选民直接选举产生的5至7人组成，对选民负责。委员中1人为市长，其余委员分别担任市主要行政部门的首脑。委员会既制定政策，又执行政策。重大问题由委员会集体讨论决定，如决议和法令违反市民的愿望，选民可以直接行使创制权，加以废止。如委员有贪污或失职行为，可另选他人接替。市委员会制符合精简原则，立法与行政一体化，行政决策效率高。其缺点在于：各委员往往各行其是，争功诿过，无异于一个市政府中有多个不同的市政首脑，没有监督的机构，无法发挥统治的作用。这种管理体制相对适宜于小城市，大城市极少采用。目前，全美国300多个采用这种管理模式的均为中小城市。

市经理制也称市议会—经理制，其特点是城市事务的管理权集中于市经理，市议会和市长不能履行任何行政管理职能。市议会通常由议员5至7人（有的市多达17人）组成，负责决定市政方针，而行政管理方面的工作，则由市议会聘请市经理负责。市议会如同商业团体的董事会，负责制定业务政策，市经理等于公司的经理，有权管理一切行政，并任免各部门负责人及职员。市经理通常由一名专职的、有能力的、有经验的市政管理专家担任，他对市议会负责，根据市议会的决定管理市行政事务，但他对行政事务有最后决定权，市议会无权干涉。在这种体制下，市长是一种荣誉职务，可由市议会选举产生，也可由选民选举产生，它名义上是市的首脑，代表市政府，但无实际权力。市长主持市政会议，签署市的官方文件，在礼仪场合作为市的代表，以及在城市一旦进入紧张状态时，充任警察指挥。市长对市的行政工作不负实际责任，不得干涉市经理管理范围内的工作。

市行政长制是20世纪中叶在美国出现的一种新制度，即市长由选民选举产生，为一市的统治领袖，而在市长之下，设一个市行政长，协助市长处理市行政事务。但市行政长只有协调各部门工作的权力，而不能监督人事、法律及预算等重大事宜，实际上是一般管理顾问。[1]

日本大多数市政府实行议会—市长制。虽然市立法机关与行政机关分设，但实际上议会处于优势地位。议会是地方政府的最高权力机关，由选民直接选举产生，任期4年。市长由辖区选民直接选举产生，任期也是4年。在任期内，

---

［1］叶南客、李芸：《战略与目标——城市管理系统与操作新论》，东南大学出版社2000年版，第132页。

市长如得不到议会的信任或选民普遍要求解除其职务,就有可能失去其职位和被选举权。市长是城市礼仪上的首脑,又是行政首长,他负责全面领导和处理市的行政管理事务。

韩国的城市管理在行政组织上大多数采取的是市长议会制。根据韩国城市地方自治法的规定,地方政府有权处理不属于全国事务的各种地方性事务,每个城市政府的管理职能主要包括以下几大方面:征收赋税、编制预算、设立基金、管理地方财政、征用动产和不动产用于公共目的;经营电气、煤气、自来水、汽车运输、船舶运输等事业;管理学校、研究所、图书馆、博物馆、剧场、音乐室等文化教育设施;从事防止灾害、防止公害、美化环境、医疗卫生、救济贫病等事务;维持城市公共秩序,维护居民的安全、健康和福利,管理本市户籍;保护文化财富,奖励发明;等等。

二、西方城市管理改革的趋势

发达国家传统的"城市病"虽然已脱离严重期,进入好转、康复阶段,但面临着许多新的城市问题,最突出的有:(1)过度城郊化。所谓过度城郊化就是围绕中心城市向四周无限地蔓延开来,形成星罗棋布的居住区,而大量的工作、娱乐、学习场所及商业服务等机构仍大部分留在市中心。这样一种城市化格局引起一系列不良的经济、生态和社会后果。(2)城市人口出生率趋于降低,甚至出现零增长和负增长。在发达国家,一些家庭,特别是妇女把生儿育女看做是人生的负担,而不是一种天然的义务和乐趣,更不是一种劳动力再生产的需要。(3)与第二个问题紧密相连的是人口老龄化问题。这成为当前发达国家所面临的严重社会问题。

面对以上的新问题,西方国家随着一系列经济体制改革的推行,城市政府的公共行政管理方式也随之发生着变革,呈现出以下趋势:

1. 政府部分行为的企业化。20世纪70年代以来,政府部分管理行为的企业化成为很多西方国家的政府组织思想。这是因为国家经济活动的现代化和社会活动的集中化,使政府职能的含义和管理范围有不断扩大的趋势,但由于经济有限增长的限制,政府难以维持日益增长的巨大的财政支出。由此,政府开始寻找挖掘自身潜力的路子,也就是像企业那样,创造最大限度的生产效率。进入20世纪80年代以后,以这种管理思想为背景的管理性商业模式更受到了人们的重视,并且被一些国家所采用。在英国,地方政府把所有的服务行业拿出来作竞争性招标。在新西兰,工党在20世纪80年代领导了一次福利状况大检查,然后把政府的许多经营性部门如能源、运输、银行、保险、林业、通信、广播和邮政等改组成商业企业。

2. 城市公共行政管理的分权化。现代社会生活日益复杂化、专业化、区域化,社会生活节奏和变化频率也在不断加快,这就使得庞大的政府机构提高自身的灵敏度和灵活性成为社会公众的一致要求。在这一背景下,进入20世纪80年代以后,西方许多发达国家的政府都开始实行分权的政策。例如,法国的社会党政府发布了"权力下放法案",美国里根政府则实行"还权于州"的计划等。从实践的结果来看,分权化产生的积极作用是显而易见的。其一是分权的机构比集权的机构更具有灵活性,对于急剧变化的社会生活则体现了较强的灵敏度,随机处理事务的能力较强。其二是分权的机构比集权的机构更具有创新动力,因为分权以后的政府机构带入了竞争的理念,强化了责任感,因而也提高了工作效率。

3. 虚拟政府的趋势。自由市场经济好还是政府宏观干预好的问题一直是西方不同经济学派争论不休的问题,不同的政府上台也会采取不同的经济政策。但是进入20世纪80年代以来,新古典经济学占了上风,经济的市场化成了一种潮流和趋势。在其影响下,西方国家公共行政管理改革的市场化走向趋于明朗,出现了所谓虚拟政府的趋势,即地方政府通过委托、授权、承包、合同等形式,把政府的职能转移给社区、企业和个人,而政府只负责监督的一种组织形式。例如,英国地方政府提供治安、防火、公立学校、家庭福利、消费者保护等服务的机构,通过改革把有些机构直接承包给社区,或者通过合同租给私人。这样既节省了政府开支,降低了行政管理费用,又提高了效率。[1]

---

[1] 冷熙亮:《国外城市管理体制的发展趋势及其启示》,《城市问题》2001年第1期。

第三章 城市管理职能

城市管理职能,是城市管理主体即城市政府和其他公共部门在依法管理城市事务过程中体现出来的职责和作用,通俗地说,就是城市管理管些什么。根据城市发展的要求,科学确定城市管理职能,对于正确处理好城市管理各部门,特别是政府与市场、社会、企业的关系,提高城市管理水平,有着非常重要的意义。

第一节 城市的职能与城市管理

一、城市职能的含义和类型

城市职能是指城市在社会经济发展中所具有的作用和能力。它是由城市的各种结构性因素决定的,不同的城市具有的职能有所不同。

影响城市职能的因素主要有地理环境、自然资源、经济实力、经济结构、历史文化和行政地位等。例如,拥有煤炭资源才能成为煤炭工业城市并发挥它这方面的职能;拥有丰富的旅游资源才可供人们观光游览,才能发挥它作为旅游城市的职能;具有悠久的文化传统的城市便有可能成为历史文化名城并发挥这方面的职能;首都和省会城市等则发挥着不同区域范围内的政治、经济、文化等综合的中心城市职能。

城市自从产生的那一天起,就具有自身的职能,随着社会生产力的发展,科学技术的进步,以及政治制度和自然条件的变化,城市的职能也不断发展、变化。从城市的发展历史看,军事职能和统治职能不断减弱,经济职能不断增强。比如在奴隶社会,城市职能以军事职能和统治职能为主,同时监督农业生产和交换。到了封建社会,建设城墙,开挖壕沟,也是以防御职能为主,同时在城内广建殿堂庙宇,并且集中了大批文人学士、能工巧匠,城市也相应地具有政治统治中心、文化中心和商业中心等数种职能。近代城市有了较大的发展，城市的职能也变得日益复杂起来，随着城市现代化水平的逐渐提高，城市的职能也不断地向着综合性、多样化方向发展，城市在现代生产和生活中起着越来越大的作用。

城市职能有多种不同的划分方法。有的学者将城市职能划分为生态职能、经济职能、社会职能和文化职能。有的学者将其划分为基础功能（承载、储存、延续、养育、流传等）、实用功能（居住和生活、就业和工作、交通和通信、休息和游乐）、潜在功能（组织、加工、创新等）。[1] 有的学者则认为人是城市的主体，城市的本质是人类为满足自身生存和发展需要而创造的人工环境，城市的职能要体现人的特性，于是，他们将城市职能划分为六大基本功能：养育功能、教育功能、生产功能、管理功能、娱乐功能、记忆功能。[2]

不同学科对城市职能有不同的分类，从一般和个别的角度，我们可以将城市职能分为以下几类：

1. 普遍职能

普遍职能又叫共同职能，是指各类城市都具有的职能。例如，承载职能、经济职能、政治职能、文化职能等，这是每一个城市都具备的。普遍职能往往是城市最基本的职能，是城市其他各项职能发挥作用和城市本身发展的基础，现代城市的存在和发展依赖于城市这些职能顺畅、全面、充分地发挥，如果这些职能发挥不到位、不全面、不充分，必然会影响到城市其他各项职能的发挥，阻碍城市的发展。[3]

（1）承载职能。

承载职能是城市最明显的职能之一。城市，特别是古代一些有城墙的城市，如古代的北京，非常像一个由城墙构成的巨大容器，包容、承载了各种内容物，如宫殿、寺庙、园林建筑、房屋、道路、作坊，以及各种生产设施和文化设施。中国的许多大城市，如上海和武汉等，建造了非常多的高楼，纽约的摩天大厦更令人叹为观止，而这些城市都要依靠大地、土壤、山湾、水域等实现其承载职能。

但是，城市的承载职能是有限度的。它是由城市的生态基础和环境要素（如土地、水源、大气、日照等）决定的。生态基础的含义主要包括空间、水源、土壤、大气的数量和质量等各种因素。可见，任何城市不能长久地超限度地承载过多的人口，也不能承受过多的生产活动和其他活动。否则，它的承载功能迟早会遭

---

[1] 宋俊岭、黄序主编：《中国城镇化知识15讲》，中国城市出版社2001年版，第76～82页。
[2] 纪晓岚：《论城市本质》，中国社会科学出版社2002年版，第178页。
[3] 杨燕英：《略论现代大中城市的中心职能》，《广西大学学报》1999年6月增刊。

到破坏。中国煤城唐山在 1976 年的大地震中被毁,就是城市的承载功能从根本上被破坏的一个例子。许多城市问题,如大气污染、水源缺乏、地面下沉、住房紧张、交通拥挤、治安恶化、运动不足、疾病增多等,除了其他原因外,莫不与该城市的发展已经严重超越了这个城市的承载极限有关。[1] 保护城市的承载职能,使之更好地为城市的可持续发展服务,是目前各国城市发展中必须认真研究和解决的问题。

(2) 经济职能。

城市的经济职能是指城市在国家和地区的经济生活中所承担的任务和作用。城市具有引导和促进经济发展的职能,这个职能在城市诞生以来就特别显著。从古到今,城市经济经历了由弱到强、由低到高的发展过程。城市推动了社会生产的发展,社会生产也推动了城市化的进程。城市聚集了全国大部分的工业企业,这些企业的设备比较齐全、技术比较先进、管理比较科学,具有较强的生产能力和工作效率。在当今社会,城市在社会经济中的地位越来越重要。以我国为例,我国是一个城市化不发达的国家,但城市工业总产值占全国总产值的 70% 左右,国家财政收入的 70% 左右来自城市。在这种情况下,城市的发展和衰退,无疑会对整个社会的经济产生重大的影响。目前,世界性的科技革命蓬勃发展,城市的促进作用更加显著,城市工业的发展对整个社会经济的促进作用会更加重要。例如,对信息技术、微电子技术、光导纤维、生物工程、新型材料和能源的研究和开发,都必须有强大的经济和科技实力作为后盾,而在这些领域卓有成效的研究和应用,可使一个本来经济不十分发达的国家,迅速站到世界经济发展的前列。[2]

城市的经济职能可分为一般职能和特殊职能。城市经济的一般职能是指城市总体的共同性职能,主要是以第二和第三产业为主导,为国家经济服务;以城市的基础产业为主导,为产业外部的经济服务;以城市的高效率、高效益、先进技术和高质量的管理为国家、地区的建设和发展作出贡献。城市经济的特殊职能是指每个城市在一定结构制约下显现出各自不同的职能,这种职能在国民经济中各自具有不同的地位和作用。[3]

(3) 政治职能。

城市的政治职能在城市的发展过程中是比较突出的,特别是在东方,在各种

---

[1] 宋俊岭、黄序主编:《中国城镇化知识 15 讲》,中国城市出版社 2001 年版,第 77 页。
[2] 参见殷体扬:《城市管理学》,山西经济出版社 1990 年版,第 36～37 页。
[3] 张觉文编著:《市政管理新论》,四川人民出版社 2003 年版,第 338 页。

社会制度下,城市往往作为政治中心出现。在现代化城市中,这一职能仍然比较突出,这不仅因为城市是人类居住密集的地方,而且由于城市有着较好的交通设备和舆论设备,所以,统治阶级的政权机关一般都设在城市。在我国,城市一般是中央、省、市、县的政府机关所在地,国家和地方的大政方针要在城市制定,然后通过各级行政机构层层贯彻执行。一个国家的首都不仅是一个国家的政治中心,而且是国与国之间政治交往的中心,如各国使馆一般设在首都,国家之间频繁的外交活动通常也在首都进行。这样,就可充分利用城市交通方便、信息传播快等有利条件。

(4) 文化教育职能。

城市集中了全国绝大部分高等学校、科研机构、报社、出版社、电台、电视台、图书馆、博物馆、文化宫、体育馆、剧场等各种教科文设施。正因为如此,城市中文化的生产能力一般要大大高于乡村。城市文化是直接与现代化生产方式联系在一起的,代表了人类文化发展的趋势,因而,城市文化不仅对乡村文化有相当的影响力,而且对整个人类文化的发展也有引导作用。所以,人们通常把城市看做是文化教育的中心。城市既是创造科技和精神文化产品的重要基地,也是集中开发智力、培养人才、传播先进科技、交流管理经验的重要基地。随着现代化交通工具的发展,城市文化教育职能将更加突出。

(5) 交通职能。

在一定范围之内,每一座城市都是同它相对应的一个地区的交通中心,它拥有各种现代化的交通运输工具和电话、电报、传真等通信设备,这对各行业的发展都有巨大的影响。交通是城市的血液循环系统,只有很好地发挥交通职能,城市才能保持活力。[1]

2. 特殊职能

城市的特殊职能并不是指所有的城市都具有的职能,而是为某一个或者是某一类城市所具有的职能,它更多地表现出来的是城市的个性。例如首都,它具有全国政治中心的职能,这是其他城市所不具有的;有些历史文化名城的特殊职能是其他城市所不具备的;海港城市与内陆城市相比,它的海运交通、海上贸易的职能也具有特殊性。特殊职能是相对于普遍职能而言的,城市的特殊职能决定着城市的性质,也决定着城市的类型。

3. 主导职能

主导职能是指在城市诸功能中居于突出地位和起主导作用的职能。一般来

---

[1] 殷体扬:《城市管理学》,山西经济出版社1990年版,第39页。

说,城市的特殊职能就是它的主导职能,如云南的丽江、河北的秦皇岛、江苏的苏州、安徽的黄山市等一些风景名胜城市,旅游业便是其主导职能。但主导职能不等同于特殊职能,主导职能往往具有多样性,它不仅包括特殊职能,而且还包括一些在该城市中具有一定优势的职能,或是对其他职能有影响作用的职能。它不仅是一个城市通过与其他城市横向比较而确定的,而且是通过同该城市自身的诸多职能相比较而确定的。例如,四川资阳市的汽车工业比不上长春,但就该市而言,农用汽车的生产却是它的主导职能。[1] 城市的主导职能和特殊职能往往决定着城市的性质和发展方向。

二、城市职能与城市管理的关系

城市管理是对城市各项公共事务进行的综合性管理,它所面对的是城市这个政治、经济、文化和生态环境都极为复杂的综合体,所以城市管理极具复杂性。这种复杂性是由于城市生活的多样性以及城市职能的多元性所决定的,也就是说,城市的职能决定了城市管理的内容,城市管理又是以充分发挥城市的多种职能为目标的。城市管理要通过城市的运行和发展完成自己的使命,促使城市多种职能得到充分体现和发挥,而在这一过程中,城市职能也对城市管理提出了更高的要求。

城市的多方面职能决定了以使城市职能得到充分发挥为目标的城市管理具有了多方面的内容。在经济方面,城市管理要承担城市经济的组织者、领导者责任,要运用经济、行政和法律手段对城市经济活动进行有效的控制和调节,以促使城市经济持续健康地发展。在文化方面,文化事业管理是城市管理的应尽职责,在城市管理中占有重要的地位。在基础设施方面,由于城市的基础设施是城市的载体系统,是城市赖以生存的基本条件,因此只有规划好、建设好、管理好城市的基础设施,才能使城市各职能的发挥具备必要的条件。在环境方面,由于当代社会的资源缺乏和环境污染使城市的承载职能大大受损,因此,加强对城市环境的综合治理,维护城市环境的生态平衡,成为城市管理的当然内容。在安全方面,保障市民的生命财产安全,历来是城市的重要职能,也是城市管理的重要内容。在社会公益事业方面,使老弱病残都有所养、都有所救,看来事小,意义却极为重大,是城市管理要解决的重要问题。[2]

---

[1] 张觉文编著:《市政管理新论》,四川人民出版社2003年版,第11页。
[2] 殷体扬:《城市管理学》,山西经济出版社1990年版,第61~62页。

第二节 城市政府的主要职能

一、城市政府职能的含义

城市政府的职能,也叫市政职能,是指城市政府在依法管理城市公共事务中承担的职责和具有的作用。从动态看,它是行使职权、发挥作用的一系列活动的总称。在我国各级城市管理中,城市政府的组织和活动占主导地位,承担着领导、组织、管理和协调城市政治、经济和其他社会活动的重大责任。要确保城市职能的顺利运行,首先要确保城市政府职能的充分发挥。城市政府职能是城市职能发挥的前提条件。科学地确定城市政府的职能,对于建立有效的城市管理体制,推进城市管理组织的变革,完善城市管理的运行机制,都具有十分重大的意义。

城市政府职能的履行要以城市政府为主体,通过法制化、科学化、现代化的途径和方式,对城市公共事务这个客体进行管理。城市政府职能状况与一个国家的性质和城市政府在国家政权体系中的地位相关,不同国家的城市有着不同的城市政府职能。[1] 城市政府职能也随着城市的发展而不断发展、变化,在同一国家的不同历史时期,城市政府职能有着不同的内容和特征。

二、城市政府职能的类型及主要内容

在长期的社会发展过程中,城市政府的职能不断扩大,逐步形成了一个完整交错的多层次、多元化的体系,大致可从基本职能和运行职能两个角度对其加以分析。

从城市管理的内容和范围来看,城市政府职能主要由政治、经济、文化教育和社会服务等职能构成,这些职能是城市政府的基本职能,它们集中体现了城市政府在进行具体管理中的作用。

---

[1] 张觉文编著:《市政管理新论》,四川人民出版社2003年版,第236页。

1. 政治职能

根据我国法律规定,城市政府现阶段的政治职能的具体内容为:执行同级国家权力机关的决议以及上级政府的决议和命令,规定行政措施,发布行政决议和命令。直辖市以及省、自治区的人民政府所在地的市和国务院批准的较大的市的人民政府,还可以根据法律和国务院的行政法规制定规章;保护社会主义全民所有的财产和劳动群众集体所有的财产,保护公民私人所有的合法财产,保障公民的人身权利、民主权利和其他权利;维护社会治安,打击犯罪活动和犯罪分子等。由于城市人口居住集中,流动量大,机关单位多,社会治安工作在市政府的政治职能中占有相当重要的地位和分量。

2. 经济职能

这是现代城市管理的基本职能之一。城市政府必须积极推动社会生产力的发展,维护经济基础的巩固,如加强对城市经济的宏观调控、各城区的经济调节、国有资产管理,以及组织力量规划并实施较大的经济建设项目。

3. 文化教育职能

文化教育职能是指领导和组织精神文明建设的职能,包括进行思想政治工作,以及对科学、教育、文化等事业所进行的规划管理。文化教育的目的在于改造人,从而形成具有道德修养和先进科学技术知识的社会化公民阶层。如江泽民提出的,要以科学的理论武装人,以正确的舆论引导人,以高尚的精神塑造人,以优秀的作品鼓舞人。城市化主要在于人的进化,而人的进化又取决于思想的进化。要充分认识到城市文化教育工作的艰巨性和长期性,可按"城市学校化"和"社区学校化"的思路,使城市完成改造人、培养人、塑造人这一重要使命,把城市看成一所人生永不毕业的学校。[1] 在未来的城市和社会发展中,城市的文化教育将面向所有的人,教育将贯穿于一个人生命的全过程。

4. 社会职能

社会职能即组织动员社会的各方力量对社会公共生活领域进行管理的职能,这是一项通过兴办各类公共事业,直接造福于民的职能。政府的服务是典型的公共服务。公共服务取之于国民的税赋,用之于国民的福利,主要是通过专门机构(民政部门、城乡建设、环境保护以及政府调控下的各种非营利组织)对社会保障、福利救济等社会公益事业实施管理来实现的,它是城市政府职能中内容最为广泛、丰富的一项基本职能。凡致力于改善、保障人民物质文化生活、体现人道主义思想的各项事务,都属于社会职能的范围,如制定社会保障的有关法律制

---

[1] 纪晓岚:《论城市本质》,中国社会科学出版社2002年版,第190页。

度,完善社会保障体系;筹集、管理和发放社会保障基金;创办各种社会公益服务事业;治理环境污染,保护生态环境;控制人口增长,使之保持在适度状态;加强社区建设;等等。

5. 运行职能

运行职能是城市政府的管理职能在管理和技术层面的具体体现。就我国来说,城市政府的运行职能主要由计划、组织、控制三个方面组成。

(1) 计划职能。计划职能是城市政府和其他管理机构的首要职能。它包括两方面的含义:一是制订目标及行动方案;二是在具体的法律法规范围内,制定系统的工作程序。

(2) 组织职能。这是指城市政府根据行政计划的各项目标和要求,建立组织机构,配备相应人员,确立职权、职位、职责关系,将行政组织内部各要素组成有机整体,实现各种资源的最佳配合的职能。

(3) 控制职能。城市政府的权力来自公众,所以必须处处以公共利益为重,想方设法提高工作效率和工作绩效,这就需要城市政府有较强的控制职能。控制职能是城市政府在调节行政行为,并使之与既定目标相符合过程中所发挥的作用。它要解决的是如何把具体运作和最终目标联系起来的问题,它贯穿于整个城市管理过程,依据城市发展的总体目标对城市管理者和操作者的行为进行指导、修正。

有的学者则认为,在我国,狭义的城市政府的基本职能主要有规划职能、建设职能和管理职能。

(1) 规划职能,即城市政府制定一定时期的城市建设和社会经济发展蓝图的职能。规划既是城市建设和管理的基本依据,也是城市建设和经济社会发展的指南。它包括制定城市规划和城市国民经济、社会发展中的长期规划。

(2) 建设职能,即城市政府促进经济和其他各项事业发展的职能,建设既是规划的落脚点,也是满足城市居民物质文化生活需要的基本手段。从整体上看,可分为城市物质文明建设、政治文明建设和精神文明建设。

(3) 管理职能,有广义和狭义之分,广义是指对城市各项事务进行规划、决策、监督、指挥等,包括对决策、运营、效益、法制等方面的管理。狭义则是指城市政府对城市政治、经济、文化等各项秩序的维护,对各项建设事业的保障,对各类建设成果的保护和对秩序混乱、灾害的治理,包括城市环境治理、市容卫生管理、道路交通安全管理、市政工程和设施管理、市场秩序管理等。[1]

---

[1] 张觉文编著:《市政管理新论》,四川人民出版社 2003 年版,第 237 页。

第四章　城市规划管理

城市规划是城市政府的主要职责之一,是城市建设和管理的重要依据,对城市规划的编制、审批和实施等的管理又是城市管理的重要内容。城市规划如果缺乏科学管理,就会导致城市规划编制不当、实施失误,从而对城市发展造成无法挽回的直接损失。

第一节　城市规划概述

城市的建设和发展必须是有序的、可持续的,而要实现城市的可持续发展必须有科学和权威的城市规划。城市规划是对城市未来的一种安排和谋划,是城市政府对城市建设和发展进行宏观调控的重要手段,是城市政府管理城市的首要职能。

一、城市规划的含义、内容和特性

城市的建设和发展涉及经济发展、居民生活、生态环境、文化遗产开发与保护等各个方面,协调好各个要素,实现城市的可持续发展,这需要有事先的筹划和安排。城市规划就是对城市人口、土地利用、产业结构、建筑物、公共场所、交通等城市的经济、社会和生态环境各个方面进行的一种事先筹划和安排。

城市规划的主要内容包括:(1)城市发展目标的研究和确定,这主要是指拟定城市性质,预测城市发展规模,确定城市发展方向。(2)安排城市土地和空间资源的利用,要通过城市规划,合理确定城市各项用地的种类、使用性质、使用强度、数量比例,以及地上地下空间资源的利用。合理安排土地利用是城市规划的核心内容。(3)确定城市发展的空间布局,包括平面和三维空间的发展形态以及地上地下空间的开发和利用,以满足城市各项事业发展的需要和总体协调的需要。(4) 城市各项建设的部署和安排。城市的各项建设包括城市规划区内所有与城市规划有关的一切建设,如生态环境建设、基础设施建设等。城市规划既要确定长期建设的目标、近期建设的目标,也要对当前各项建设作出具体安排。

城市规划的特性主要表现为综合性、政策性、地方性、实践性、前瞻性和长期性。

(1) 综合性。城市是一个由经济系统、基础设施系统、居住与环境系统、社会系统等若干子系统构成的巨系统。各个系统都有其自身发展的规律,在用地、空间布局以及建设活动方面,都有它们的要求与规律,这些系统的发展和完善是整个城市建设发展必不可少的有机组成部分。城市规划的任务首先就是要尽可能满足各系统在发展中对用地、空间布局和建设上的合理要求,服务于各个系统,促进各个系统的健康发展,同时要协调各系统在用地、空间布局和建设活动中的关系,使整个城市的经济与社会、人与自然协调发展。因此,城市规划是综合性很强的规划,它要正确认识、分析和处理好不同系统在城市发展中的各种矛盾。

(2) 政策性。城市规划关系到城市的各行各业,关系到城市居民的切身利益,因此,它并不是单纯的技术和经济问题,而是一个政策性很强的政治问题。城市规划在其编制、审定和实施过程中,都必须体现国家的有关政策,必须以国家有关城市规划的法律法规为依据。

(3) 地方性。不同的城市具有不同的城市性质、规模、形态,有各自的自然地理条件和历史文化背景,表现出各城市的地方特性。因此,城市规划必须从实际出发,在对不同城市的条件和特点进行具体分析的基础上,因地制宜地编制,并依靠地方政府和居民的共同努力来实施。这就是说,城市规划工作既要遵循城市规划的科学规律,又要符合当地条件,并尊重当地居民的意愿。

(4) 实践性。城市规划的实践性首先在于它的基本目的是为城市建设服务,规划方案要充分反映城市建设实践中的问题和要求,有很强的现实性。城市规划的实践性还在于按照城市规划进行城市建设是实现城市规划的有效途径。但是,任何一个城市规划方案对实施过程中可能出现的问题的预计和解决不可能十分周全,也不可能一成不变。这就需要在城市建设实践中对城市规划进行丰富、补充和完善。

(5) 前瞻性。城市规划是对城市未来发展的预见和安排,总体规划要考虑20年,远景规划要考虑更长远的发展,这就要求规划具有超前性、前瞻性,要求规划的编制者和决策者科学地预测城市发展的未来。影响城市发展的因素众多而复杂,在许多因素难以明确的情况下,规划要富于弹性,留有余地,以便适应未来形势的变化,保持主动。

(6) 长期性。城市规划既要解决当前建设问题,又要预计今后一定时期的发展和充分估计长远的发展要求。随着城市的不断变化、发展,城市规划必须不断调整和补充,来适应变化了的城市现实。虽然城市规划需要不断地调整和补充,但经批准的城市规划反映了当时的政策和实际,是经过大量调查研究、反复论证所确立的,因此必须保持其相对的稳定性和严肃性。对规划的调整和修改必须依照法定的程序进行,不能随意变更。

二、城市规划的地位和作用

城市规划的基本任务是根据一定时期经济社会发展的目标和要求,确定城市性质、规模和发展方向,统筹安排各类用地及空间资源,综合部署各项建设,以实现经济和社会的可持续发展。它是城市建设和发展的"龙头",是引导、控制和管理整个城市建设和发展的基本依据和重要手段。城市规划的这种"龙头"地位,意味着它在城市建设和发展中具有十分重要的作用。

第一,城市规划具有综合和协调作用。城市这个巨系统的各子系统及其组成部分之间常常存在着矛盾和冲突。而城市规划可以依据城市整体利益和发展目标,综合考虑城市经济、社会和资源、环境等发展条件,结合各方面的发展需求,在空间上通过合理布局,统筹安排和综合部署各项用地和建设,合理组织城市的各种构成要素,协调各子系统的关系,在时间上正确处理城市近期建设和远期发展的关系、现代化建设和历史文化保护的关系。城市规划所具有的这种高度综合性和协调能力,使它可以通过综合和协调城市各个部门在城市建设和发展方面的决策,实现城市经济与社会、人与自然的协调和可持续发展。

第二,城市规划具有控制和引导作用。城市规划可以通过有效的管理手段和政策引导,控制和规范城市土地利用和开发建设行为。在计划经济条件下,城市规划作为国民经济计划的延伸和具体化,其作用是通过编制和实施规划,将国民经济落实在地域空间上。在市场经济条件下,市场在资源配置和经济社会发展中发挥着主要作用,投资主体和利益主体日趋多元化。各个利益主体对自身利益的追求往往危及城市整体利益和公众利益,这时的城市规划则运用法定的带有强制性的规划管理手段,有效控制和修正有可能危害城市整体利益和公众利益的建设行为。它通过经济、行政和政策调控等种种方式,将开发建设活动引导到城市规划确定的发展道路上来,从而保证城市建设和发展的有序、有效运行,维护城市整体利益和社会公众利益。城市规划所具有的这种控制和引导作用,使城市规划成为城市政府对市场经济进行干预和调控的重要手段。

三、城市规划的编制

城市规划的编制是指城市政府依据国家的有关法律,按照城市规划科学理论与技术方法,围绕城市发展目标,对城市区域内土地和空间资源以及各项建设所进行的合理配置,并形成行政与技术文件的工作过程。[1] 为了创造一个舒适的人居环境,城市规划的编制必须遵循人工环境与自然环境相和谐、历史环境与未来环境相和谐、城市中各社会集团之间社会生活和谐的原则。[2]

根据《中华人民共和国城市规划法》规定,我国目前的城市规划编制体系包括城镇体系规划、城市总体规划、城市分区规划、城市详细规划。

城镇体系规划是在一定地域范围内,以区域生产力合理布局和城镇职能分工为依据,确定不同人口规模等级和职能分工的城镇的分布和发展规划。它一般可分为全国城镇体系规划、省域城镇体系规划、市域城镇体系规划、县域城镇体系规划。它的主要任务是:综合评价区域内城镇的发展与建设条件,制定区域城镇发展战略,预测区域人口增长和城市化水平,拟定区域内各相关城镇的发展方向与规模,协调城镇发展与产业配置的时空关系,统筹安排区域基础设施与社会设施,引导和控制区域内城镇的合理发展与布局,指导区域内各城市总体规划的编制。

城市总体规划是城市政府对一定时期内城市性质、发展目标、发展规模、土地利用、空间布局以及各项建设与发展的综合部署和实际措施。编制城市总体规划一般可以分成两个阶段:纲要编制和规划编制。

城市总体规划纲要的主要任务是:研究确定城市总体规划的重大原则,并作为编制城市总体规划的依据。它包括以下内容:论证城市国民经济和社会发展条件,原则确定规划期内城市发展目标;论证城市在区域发展中的地位,原则确定市(县)域城镇体系的结构与布局;原则确定城市性质、规模、总体布局,选择城市发展用地,提出城市规划区范围的初步意见;研究确定城市能源、交通、供水等城市基础设施开发建设的重大原则问题,以及实施城市规划的重要措施。

---

〔1〕 中国城市规划学会、全国市长培训中心编著:《城市规划读本》,中国建筑工业出版社 2002 年版,第 248 页。

〔2〕 李德华主编:《城市规划原理(第三版)》,中国建筑工业出版社 2001 年版,第 43~44 页。

城市总体规划的主要任务是：综合研究和确定城市性质、规模及空间发展形态，统筹安排城市各项建设用地，合理配置城市各项基础设施，处理好远期发展与近期建设的关系，指导城市合理发展。城市总体规划的期限一般为20年，同时应当对城市远景发展作出轮廓性的规划安排。近期建设规划是总体规划的一个组成部分，应当对城市近期的发展布局和主要建设项目作出安排。近期建设规划期限一般为5年。建制镇总体规划的期限可以为10年至20年，近期建设规划可以为3年至5年。城市总体规划包括下列内容：(1)设市城市应当编制市域城镇体系规划，县（自治县、旗）人民政府所在地的镇应当编制县域城镇体系规划。市域和县域城镇体系规划的内容包括：分析区域发展条件和制约因素，提出区域城镇发展战略，确定资源开发、产业配置和保护生态环境、历史文化遗产的综合目标；预测区域城镇化水平，调整现有城镇体系的规模结构、职能分工和空间布局，确定重点发展的城镇；原则确定区域交通、通信、能源、供水、排水、防洪等设施的布局；提出实施规划的措施和有关技术经济政策的建议；(2)确定城市性质和发展方向，划定城市规划区范围；(3)提出规划期内城市人口及用地发展规模，确定城市建设与发展用地的空间布局、功能分区，以及市中心、区中心位置；(4)确定城市对外交通系统的布局以及车站、铁路枢纽、港口、机场等主要交通设施的规模、位置，确定城市主、次干道系统的走向、断面、主要交叉口形式，确定主要广场、停车场的位置、容量；(5)综合协调并确定城市供水、排水、防洪、供电、通信、燃气、供热、消防、环卫等设施的发展目标和总体布局；(6)确定城市河湖水系的治理目标和总体布局，分配沿海、沿江岸线；(7)确定城市园林绿地系统的发展目标及总体布局；(8)确定城市环境保护目标，提出防治污染措施；(9)根据城市防灾要求，提出人防建设、抗震防灾规划目标和总体布局；(10)确定需要保护的风景名胜、文物古迹、传统街区，划定保护和控制范围，提出保护措施，历史文化名城要编制专门的保护规划；(11)确定旧城区改建、用地调整的原则、方法和步骤，提出改善旧城区生产、生活环境的要求和措施；(12)综合协调市区与近郊区村庄、集镇的各项建设，统筹安排近郊区村庄、集镇的居住用地、公共服务设施、乡镇企业、基础设施和菜地、园地、牧草地、副食品基地，划定需要保留和控制的绿色空间；(13)进行综合技术经济论证，提出规划实施步骤、措施和方法的建议；(14)编制近期建设规划，确定近期建设目标、内容和实施部署。建制镇总体规划的内容可以根据其规模和实际需要适当简化。

城市总体规划的部分内容属于专业规划。城市规划中的专业规划主要是指在城市总体规划阶段与其同步编制的有关专业的规划，有些专业规划也可以在总体规划编制完成后在总体规划指导下进行。根据建设部《城市规划编制办法实施细则》规定,城市总体规划阶段的专业规划有道路交通规划、给水工程规划、排水工程规划、供电工程规划、通信工程规划、供热工程规划、燃气工程规划、园林绿化规划、文物古迹及风景名胜规划、环境卫生设施规划、环境保护规划、防洪规划、地下空间开发利用及人防规划。各级历史文化名城还要作专门的历史文化名城保护规划。

我国城市规划法规定,大、中城市为了进一步控制和确定不同地段的土地用途、范围和容量,协调各项基础设施和公共设施的建设,可以在总体规划的基础上编制分区规划。城市分区规划的主要任务是:在总体规划的基础上,对城市土地利用、人口分布和公共设施、城市基础设施的配置作出进一步的安排,以便与详细规划更好地衔接。它包括下列内容:原则规定分区内土地使用性质、居住人口分布、建筑及用地的容量控制指标;确定市、区、居住区级公共设施的分布及其用地范围;确定城市主、次干道的红线位置、断面、控制点坐标和标高,确定支路的走向、宽度以及主要交叉口、广场、停车场位置和控制范围;确定绿地系统、河湖水面、供电高压线走廊、对外交通设施、风景名胜的用地界线和文物古迹、传统街区的保护范围,提出空间形态的保护要求;确定工程干管的位置、走向、管径、服务范围以及主要工程设施的位置和用地范围。

城市详细规划是以总体规划或者分区规划为依据的,详细规定建设用地的各项指标和其他规划管理要求,或者直接对建设作出具体的安排和规划设计。它是把对城市发展进行宏观指导和管理的总体规划落实为对城市各项用地和建设进行具体管理的关键环节,是城市规划管理的直接依据。

城市详细规划分为控制性详细规划和修建性详细规划两个层次。控制性详细规划侧重于控制建设用地性质、使用强度和空间环境,是政府进行城市规划管理的直接依据,并指导修建性详细规划的编制。控制性详细规划包括下列内容:详细规定所规划范围内各类不同使用性质用地的界线,规定各类用地内适建、不适建或者有条件地允许建设的建筑类型;规定各地块建筑高度、建筑密度、容积率、绿地率等控制指标;规定交通出入口方位、停车泊位、建筑后退红线距离、建筑间距等要求;提出各地块的建筑体量、体型、色彩等要求;确定各级支路的红线位置、控制点坐标和标高;根据规划容量,确定工程管线的走向、管径和工程设施的用地界线;制定相应的土地使用与建筑管理规定。

修建性详细规划是控制性详细规划的具体化,是以城市总体规划、分区规划或控制性详细规划为依据,制定用以指导各项建筑和工程设施的设计和施工的规划设计。对于当前要进行建设的地区,应当编制修建性详细规划,用以指导各项建筑和工程设施的设计和施工。修建性详细规划的内容有:建设条件分析及综合技术经济论证;作出建筑、道路和绿地等的空间布局和景观规划设计,布置总平面图;道路交通规划设计;绿地系统规划设计;工程管线规划设计;竖向规划设计;估算工程量、拆迁量和总造价,分析投资效益。

第二节 城市规划的组织编制与审批管理

城市规划的组织编制与审批,是城市政府为实现一定时期经济、社会发展目标,为市民创造舒适的人居环境,依法组织编制和审批城市规划的行政管理行为。其目的在于适应经济、社会和环境协调发展的要求,协调和解决城市规划编制过程中的重大矛盾,促进城市规划编制内容的科学化,推进并保障城市规划组织编制和审批的民主化和法制化。

一、城市规划的组织编制主体

我国有关城市规划的法律法规规定:国务院城市规划行政主管部门和省、自治区、直辖市人民政府应当分别组织编制全国和省、自治区、直辖市的城镇体系规划,用以指导城市规划的编制;城市人民政府负责组织编制城市规划;县级人民政府所在地镇的城市规划,由县级人民政府负责组织编制;其他建制镇的城市规划由镇人民政府组织编制。这就是说,不同层次的城市规划由不同的主体组织编制。

关于城镇体系规划的组织编制主体,建设部《城镇体系规划编制审批办法》规定:全国城镇体系规划,由国务院城市规划行政主管部门组织编制;省域城镇体系规划,由省或自治区人民政府组织编制;市域城镇体系规划,由城市人民政府或地区行署、自治州、盟人民政府组织编制;县域城镇体系规划,由县或自治县、旗、自治旗人民政府组织编制;跨行政区域的城镇体系规划,由有关地区的共同上一级人民政府城市规划行政主管部门组织编制。

关于城市总体规划的组织编制主体,建设部《城市规划编制办法》规定:设市城市的总体规划由市人民政府负责组织编制,分区规划由市人民政府城市规划行政主管部门负责组织编制。需要编制城市总体规划纲要的,由市人民政府负责组织编制;县(自治县、旗)人民政府所在地镇的总体规划由县(自治县、旗)人民政府负责组织编制;其他建制镇的总体规划,由镇人民政府负责组织编制。

关于城市详细规划的组织编制主体,建设部《城市规划编制办法》规定:设市城市的详细规划由市人民政府城市规划行政主管部门负责组织编制;县(自治县、旗)人民政府所在地镇的详细规划由县(自治县、旗)人民政府城市规划行政主管部门负责组织编制,其他建制镇的详细规划,由镇人民政府负责组织编制。

另据建设部《村庄和集镇规划建设管理条例》规定:村庄、集镇规划由乡级人民政府负责组织编制。

二、城市规划的审批

我国的城市规划实行分级审批。

根据建设部《城镇体系规划编制审批办法》的规定,全国城镇体系规划,由国务院城市规划行政主管部门报国务院审批;省域城镇体系规划,由省或自治区人民政府报经国务院同意后,由国务院城市规划行政主管部门批复;市域、县域城镇体系规划纳入城市和县级人民政府驻地镇的总体规划,依据《中华人民共和国城市规划法》实行分级审批;跨行政区域的城镇体系规划,报有关地区的共同上一级人民政府审批。

根据《中华人民共和国城市规划法》的规定,直辖市的城市总体规划,由直辖市人民政府报国务院审批;省和自治区人民政府所在地城市、城市人口在100万以上的城市及国务院指定的其他城市的总体规划,由省、自治区人民政府审查同意后,报国务院审批;其他设市城市和县级人民政府所在地镇的总体规划,报省、自治区、直辖市人民政府审批,其中市管辖的县级人民政府所在地镇的总体规划,报市人民政府审批;其他建制镇的总体规划,报县级人民政府审批。城市人民政府和县级人民政府在向上级人民政府报请审批城市总体规划前,须经同级人民代表大会或者其常务委员会审查同意。城市分区规划由城市人民政府审批。

关于城市详细规划,城市规划法规定:城市详细规划由城市人民政府审批;编制分区规划的城市的详细规划,除重要的详细规划由城市人民政府审批外,由城市人民政府城市规划行政主管部门审批。

根据建设部《建制镇规划建设管理办法》规定,建制镇的总体规划报县级人民政府审批,详细规划报建制镇人民政府审批。建制镇人民政府在向县级人民政府报请审批建制镇总体规划前,须经建制镇人民代表大会审查同意。

根据建设部《村庄和集镇规划建设管理条例》规定,村庄、集镇总体规划和集镇建设规划,须经乡级人民代表大会审查同意,由乡级人民政府报县级人民政府批准；村庄建设规划，须经村民会议讨论同意，由乡级人民政府报县级人民政府批准。

第三节 城市规划的实施与实施管理

城市规划重在实施。城市规划实施就是把城市规划制定的城市未来发展的目标，诸如城市性质、规模、发展方向、布局结构、环境状态、道路系统、市政设施等一系列内容变为现实。城市规划实施管理就是城市规划行政主管部门依据经法定程序批准的城市规划和相关法律法规，通过行政的、法律的、经济的和社会的管理手段，对城市土地和空间资源的使用以及各项建设活动进行控制、引导、管理和监督，使之纳入城市规划的轨道，促进经济、社会和环境在城市空间上协调、有序、可持续发展。

一、城市规划实施的目的

城市规划的实施是一项目的性很强的工作，实施城市规划的主要目的在于[1]：

1. 促进城市的建设和发展与经济发展相适应。城市是经济的主要载体。经济发展与城市发展是相辅相成的，经济发展是城市发展的主要动力，城市发展对经济发展又具有促进和制约的双重作用。城市规划实施的主要目的，就是要为经济发展服务，使城市的发展与经济发展形成互动的良性循环，促进经济的发展。

2. 促进城市的建设和发展与社会发展相适应。城市建设的根本目的是不断满足市民日益增长的物质和文化需要。城市社会是由不同的人群和利益集团所组成的。随着经济发展和人民生活水平的不断提高，不同社会阶层、社会群体对城市物质设施和城市生活环境的要求也会不断提高。满足不同社会群体的需要和平衡不同利益集团的要求，是城市规划实施的重要任务和目的。

3. 使城市各项功能不断优化并保持动态平衡。城市的发展是一个新陈代谢和持续不断的过程。城市空间的拓展要与交通设施的建设相匹配，建筑量的

---

[1] 参见耿毓修：《城市规划管理与法规》，东南大学出版社2004年版，第121页。

增加要与市政基础设施的扩容相结合,居民生活水平的提高要与环境质量的改善相呼应,城市物质财富的积累要与城市人文气氛的优化同步。所有这一切都依赖于城市规划的实施加以解决。

总之,城市规划实施的目的,就是使城市土地、空间资源的使用和各项建设都能够按照城市规划进行,促进城市的各组成要素在空间上的合理组合和相互协调,不断优化和更新城市空间结构和各类物质设施,从而完善和发展城市功能,促进城市经济与社会发展相协调,以满足城市居民日益增长的物质和文化需求。

二、城市规划实施的影响因素

城市规划的实施不同于某一项工程计划的实施。由于城市是一个巨系统,城市规划也是一项庞大的系统工程,它不仅涉及的内容复杂、空间广阔、时间跨度大,而且受到众多外部环境因素的影响。政治、经济、社会和科学技术的发展都是影响城市规划实施的重要因素。[1]

影响城市规划实施的政治因素,包括宏观和微观两个层面。宏观层面的如国家的政治状况、重大的方针和政策等,都对城市发展产生影响。微观层面的如城市政府的施政目标、行政体制的变化等也对城市规划的实施产生影响。

经济发展是城市建设和发展的根本动力,是影响城市规划实施最重要的因素之一。例如,经济体制的变化对城市规划实施的影响非常直接。在我国,经济体制从计划经济向市场经济转变,城市规划实施的外部环境发生了很大变化。城市各项建设的市场运作,给城市规划的实施带来许多新的问题。再如,城市产业结构的调整、变化、重组,新旧产业的更替,都会引起城市规划作部分适应性的调整。

城市经济的发展必然带来城市社会结构、社会生活方式、社会需求等方面的变化,这种变化反过来又对城市经济发展产生影响,对城市建设和发展提出新的要求。城市规划在实施过程中,必须不断满足社会发展对城市建设提出的新要求。

科学技术的进步,特别是信息技术、交通技术的发展,正在改变着人们的生产方式和生活方式,改变着人们的空间尺度概念,对城市空间布局产生着重要影响。另外,能源技术的发展和能源结构的变化,在某种程度上也影响到城市的生

---

[1] 参见建设部城乡规划司编:《城市规划决策概论》,中国建筑工业出版社2003年版,第115～116页。

产和交通方式,影响到城市的用地布局和环境;材料科学、生物科学等高新技术产业的发展,促进了城市产业结构的调整和变化,将促使城市生产力空间布局和规模的改变等,这些都是影响城市规划实施的因素。

三、城市规划实施管理的任务

城市规划实施是城市政府的一项基本职能,保证城市规划的实施必须加强城市规划实施管理。城市规划实施管理与城市管理的其他内容不同,它是一项综合性的技术行政管理。城市规划实施管理的主要任务是:

1. 保障城市规划和建设的法律法规及方针政策的施行

城市规划和建设的法律法规,是调整城市规划、建设和管理中的各种社会关系的规范。城市政府为保证城市建设协调有序进行,还适时地颁布有关的方针政策和命令。这些法律法规和方针政策都体现了公众的根本利益,是规划、建设和管理城市的基本依据。城市规划实施管理是一项行政管理工作,不论制定城市规划及其法律规范文件,还是对建设用地和建设活动进行规划管理,都必须执行有关法律、法规、规章和政策。执行城市规划和建设的法律法规及政策,既是城市规划实施管理的方法,又是城市规划实施管理的目的。

2. 保障城市综合功能的发挥,促进城市可持续发展

城市建设必须适应经济、社会的发展,为市民提供不断增长的生活、工作、学习、休闲的环境和条件。城市规划实施管理的任务,就是要不断完善和拓展城市功能,不断改善和优化人们的社会生活环境和自然生态环境,保护好有历史文化价值的历史建筑和街区,促进经济、社会和环境在城市空间上协调、可持续发展。

3. 保障城市各项建设纳入城市规划的轨道,促进城市规划的实施

城市规划作为一个实践过程,包括编制、审批和实施三个环节。城市规划的实施受到各种因素的制约,这就需要通过加强城市规划管理来协调、处理好各种各样的问题,使各项建设按照城市规划的要求进行。由于影响城市规划实施的各种因素是发展、变化的,这就需要在城市规划实施过程中,对城市规划不断加以完善、补充和优化。因此,城市规划实施管理既是执行和落实城市规划的过程,也是城市规划的不断完善和深化的过程。

4. 保障公共利益,维护相关方面的合法权益

城市规划实施管理是城市政府的行政管理职能。城市各项建设必须保障城市发展的整体的、长远的利益,体现经济效益、社会效益和环境效益相统一的原则,讲求公正、效率和民主。对于侵犯公共利益的行为必须制止,对于相关方面

的权益必须协调和监督,保障公共利益,维护相关方面的合法权益。

四、城市规划实施管理的基本制度和主要内容

城市规划实施管理的基本制度是规划许可制度,即城市规划行政主管部门根据依法审批的城市规划和有关法律法规,通过核发建设项目选址意见、建设用地规划许可证和建设工程规划许可证(通称"一书两证"),对各项建设用地和各类建设工程进行组织、控制、引导和协调,使其纳入城市规划的轨道。城市规划区内的土地利用和各项建设必须符合城市规划,服从规划管理。我国城市规划法规定:城市规划区内的建设工程的选址和布局必须符合城市规划。设计任务书在报请批准时,必须附有城市规划行政主管部门的选址意见书;在城市规划区内进行建设需要申请用地的,必须持国家批准建设项目的有关文件,向城市规划行政主管部门申请定点,由城市规划行政主管部门核定其用地位置和界限,提供规划设计条件,核发建设用地规划许可证。建设单位或者个人在取得建设用地规划许可证后,方可向县级以上地方人民政府土地管理部门申请用地,经县级以上人民政府审查批准后,由土地管理部门划拨土地;在城市规划区内新建、扩建和改建建筑物、构筑物、道路、管线和其他工程设施,必须持有关批准文件向城市规划行政主管部门提出申请,由城市规划行政主管部门根据城市规划提出的规划设计要求,核发建设工程规划许可证。建设单位或者个人在取得建设工程规划许可证件和其他有关批准文件后,方可申请办理开工手续。

建设项目选址意见书是在建设项目的前期可行性研究阶段,由城市规划行政主管部门依据城市规划对建设项目的选址提出要求的法定文件,是保证各项工程选址符合城市规划,按规划实施建设的重要管理环节。它的意义在于:(1)它是城市规划实施的首要环节。建设用地布局是城市规划实施的关键,合理地选择建设项目的建设地址是城市规划实施管理的重要内容。城市各项建设的选址、定点要符合城市规划,不得妨碍城市的发展,危害城市的安全,污染城市的环境,影响城市各项功能的协调。因此,对建设项目选址的确认和选择,是城市规划实施管理的首要环节。(2)它是建设项目是否可行的必要条件。建设项目的规划选址是在该项目可行性研究阶段进行的,城市规划选址的可行性是该项目是否可行的重要依据之一。计划部门审批建设项目可行性报告,必须以城市规划行政主管部门核发的建设项目选址意见书为依据。对于建设项目选址不符合城市规划的,计划部门不得审批该项目可行性研究报告。建设部发布的《建设项目选址规划管理办法》对建设项目选址意见书的主要内容和审批程序等作了具体规定。

建设用地规划许可证是城市规划行政主管部门确认建设项目位置和范围符合城市规划的法定凭证,是建设单位向土地管理部门申请征用、划拨土地的前提条件。核发建设用地规划许可证的目的是确保土地利用符合城市规划,维护建设单位或个人按照规划使用土地的合法权益,同时,为土地管理部门在城市规划区内行使权属管理职能提供必要的法律依据。任何建设用地,如果没有城市规划行政主管部门核发的建设用地规划许可证,就是违法用地。土地管理部门在办理征用、划拨建设用地过程中,若确需改变建设用地规划许可证核定的用地位置和界限,必须与城市规划行政主管部门商议并取得一致意见,修改后的用地位置和范围应符合城市规划要求。城市规划行政主管部门通过核发建设用地规划许可证进行的建设用地规划管理,与土地管理部门进行的土地管理既有联系,又有区别。建设用地规划管理是对建设工程使用土地,按照城市规划进行选址,根据建设工程用地的要求确定用地范围,协调有关矛盾,综合提出土地使用的规划要求,保证城市各项建设用地按照城市规划实施。而土地管理则是负责土地的征用、划拨和出让,受理土地使用权的申报登记;进行土地清查、勘查、发放土地使用权证;制定土地使用费标准,向土地使用者收取土地使用费;调解土地纠纷;处理非法占用、出租和转让土地;等等。这就是说两者的内涵不同。而在管理的过程上,建设用地规划管理的成果是土地管理部门在城市规划区内审批土地,最后核发土地使用证的重要依据。规划管理在前,土地管理在后,两者具有不应逆转的前后顺序。

建设工程规划许可证是城市规划行政主管部门核发的有关建设工程符合城市规划要求的法律凭证。建设工程规划许可证的作用,一是确认有关建设活动的合法地位,保证有关建设单位和个人的合法权益;二是作为建设活动进行过程中接受监督时的法定依据,城市规划行政主管部门要根据建设工程规划许可证规定的建设内容和要求进行监督检查,并将其作为处罚违法建设活动的法律依据;三是作为有关城市建设活动的重要历史资料和城市建设档案的重要内容。通过核发建设工程规划许可证依法对建设工程实行统一的规划管理,是城市规划行政主管部门的重要行政管理职能,也是城市规划管理日常业务中最大量的和主要的工作。

建设项目选址规划管理、建设用地规划管理、建设工程规划管理是城市规划实施管理的主要内容。除此之外,加强对城市规划实施的监督检查,保证土地利用和各项建设活动符合规划许可的要求,及时查处违法用地和违法建设,也是城市规划实施管理工作的一个重要组成部分。

第五章　城市基础设施建设与管理

基础设施是城市生存、发展的基础,城市基础设施建设与管理是城市管理传统的主要内容,也是现代城市管理的重要组成部分。当代许多城市问题的出现都源于基础设施的陈旧落后或管理不当。建设现代化城市,必须建设和管理好作为维持整个城市系统正常运转基础的各种基础设施。

第一节　城市基础设施建设的内容和意义

一、城市基础设施的概念和特点

"基础设施"一词,来源于拉丁文,原意为"基础",或建筑物、构筑物的地层结构或"下部结构"。随着经济社会的发展,经济学家把"基础设施"一词引入经济结构和社会再生产的研究,用基础设施概括那些为社会再生产提供一般条件的行业。[1] 在城市科学中,所谓城市基础设施,是指为城市的物质生产和生活提供基本条件的具有公共服务性质的设施的总称,也叫市政工程设施,或城市公共设施。

城市基础设施是城市赖以生存、发展的基础。"因为城市基础设施与人民群众生活紧密相连,直接关系到城市经济和社会的发展。"[2] 从城市生态系统平衡的角度看,城市基础设施是城市中直接为维护城市生产、生活正常秩序和保证城市发展提供必不可少的物质条件的设施。因此,它不仅是城市生存和发展的基

---

[1] 张跃庆、张连城:《城市经济学教程》,经济日报出版社1995年版,第176页。
[2] 徐理明、彭兴业主编:《城市现代化的"金钥匙"——中国市政》,中国人事出版社1996年版,第162页。

本条件,而且也是社会生产力的重要组成部分。其提供的服务不仅是一种后勤保证,更是人民日益增长的物质和文化需要的组成部分。它的正常运转和不断发展,是城市现代化水平的体现,而且也是维系全市政治、经济和社会稳定的重要条件。这就意味着城市基础设施的现代化也是城市现代化的关键环节。

城市基础设施的特点可以概括为以下四个方面:

1. 服务的公共性和两重性。公共性意指城市基础设施是为整个城市社会服务而不是为个别人、个别单位、个别家庭服务的,它是一种公共产品,具有消费的非排他性特点。两重性意指城市基础设施既为城市的物质生产服务,又为城市居民的生活服务。例如,天然气、自来水、电力等,既供工业生产使用,又供民用,具有非常典型的两重性。

2. 效益的间接性和综合性。城市基础设施本身不直接创造社会财富,它的作用是给整个城市社会的生产提供服务,为其他部门提高工作效率、创造更多的社会财富服务,所以它的效益是间接的。效益的综合性,就是说由于城市基础设施的存在,不仅提高了城市各经济部门的经济效益,而且还提高了城市环境效益和社会效益,使城市的经济、社会和环境得到协调发展。

3. 建设的超前性和形成的同步性。城市基础设施的建设与城市其他建设项目相比,投资数量多,建设规模大,施工周期长。但是城市基础设施的建设必须与其他项目的建设同时形成使用能力,也就是说,必须进行同步建设。只有这样,才能充分发挥各个方面投资的经济效益。但是,城市基础设施对城市其他建设项目来说,其建设又必须是超前的。因为城市基础设施的供给能力往往都是一次形成的,而一个住宅区则可以通过若干年建成。城市基础设施的供给能力虽然可以根据需要扩大或缩小,但是它不应当一次次扩建,否则会形成浪费。所以说,城市基础设施应具有超前性,但它形成能力的时间与城市的其他设施具有同步性。

4. 运转的系统性和协调性。城市基础设施是一个有机的综合体,是城市大系统中的一个子系统,它与城市其他设施共同构成一个大系统。城市基础设施范围内的每项设施又自成体系,如水资源的净化、供给、排放等环节构成独立的循环体系。城市基础设施各子系统之间是相互联系、相互影响的,如道路建设与电、水、气等管网埋设相互关联,因而又必须协调发展。作为整个城市系统的一个子系统,基础设施与其外界环境之间,如与城市人口规模、城市居民生活水平等必须协同一致,与城市发展态势必须保持协调发展。

5. 经营管理的多样性和垄断性。城市基础设施在建设和经营过程中,都会消耗物化劳动和活劳动,这些劳动都需要补偿。在经营管理中,城市基础设施的补偿方式主要有三种：市场补偿、财政补偿、市场和财政复合补偿。对于实行市场补偿的城市基础设施，必须遵循价值规律，获取社会平均利润，靠自身的生产经营维持简单再生产和扩大再生产。对于实行财政补偿的城市基础设施，须搞好企业内部经营，尽量减少国家补偿。对于实行复合式补偿的城市基础设施，在搞好内部经营时又要扩大受益范围。[1] 城市对城市基础设施生产和服务的需要，在一定时间内是相对稳定的，这样就必须保持城市基础设施在经营上的垄断性。垄断性是指特定的服务主体为特定的区域服务，但它不必排斥其他经营形式的存在，并不代表不能导入竞争机制。例如，像供水和排水等在同一城市同一地区往往很难建设两套管网的这种具有自然垄断的基础设施，也可以采取将垄断的经营权在市场上拍卖的方式让企业之间进行竞争。

二、城市基础设施建设的内容

城市基础设施通常可以分为生产性或技术性和非生产性或社会性基础设施两大类。生产性基础设施包括自来水、电力、煤气、公共交通等公用事业和道路、桥梁、隧道、下水道等市政工程设施，非生产性设施包括公共的教育、文化、卫生和体育等设施。本书的讨论仅限于生产性基础设施。按照国际通行的概念，城市基础设施主要包括：城市能源设施；城市供水及排水设施；城市交通设施；城市邮电通信设施；城市生态环境设施；城市防灾设施。[2] 这些设施共同构成了一个城市的主要物质支撑体系，是城市存在和发展的物质基础。

1. 城市能源设施的建设，主要是指为城市生产和市民生活提供动力、照明、采暖、炊事、娱乐等功能设施的建设。具体包括城市用电的生产及输变电设施的建设；煤气、天然气、液化石油气的供应设施的建设及人工煤气的生产和供应设施的建设；热源生产及供应设施的建设。

2. 城市供水及排水设施的建设，包括水资源的开发、利用和管理设施的建设；自来水的生产和供水管网设施的建设；雨水的排放设施的建设；污水的排放和处理设施的建设。这些设施的建设和市民的日常生活非常密切，对环境也产生重大影响。

3. 城市交通设施的建设，主要包括城市内部公共交通设施的建设，如城市道路建设，地铁、轨道交通、公共汽车、出租车等公共交通设施的建设；城市对外

---

[1] 参见王洪芬、刘锡明：《城市规划与管理》，经济日报出版社1995年版，第126页。
[2] 参见王佃利、张莉萍、任德成主编：《现代市政学》，中国人民大学出版社2004年版，第229页。

交通设施的建设,即航空、公路、铁路等设施的建设。

4. 城市邮电通信设施的建设,主要包括城市邮政设施和电信设施的建设,如市内电话、长途电话、移动电话、无线电寻呼、互联网、电视和广播等设施的建设。

5. 城市生态环境设施的建设,主要包括城市环境卫生、园林绿化、环境保护等设施的建设,譬如公园、公共绿地、绿化带等的建设;垃圾的收集、清运和处理以及公共厕所保洁等方面的建设;环境监控和环境污染治理设施的建设等。

6. 城市防灾设施的建设,主要包括城市消防、防洪、防地面沉降、防风沙、防雹、防震以及防空等人防设施的建设。防灾设施的建设主要是为了对付城市的突发事件,可以最大限度地保障人们的生命财产安全和城市的正常运转。

三、城市基础设施建设的意义

城市基础设施与城市这个大系统中的其他子系统相互联系、相互制约、相互作用,使其功能越来越大。城市基础设施建设在整个城市建设和发展中具有十分重要的地位。城市基础设施水平的高低是衡量一个城市现代化程度的重要标志,而且,越是现代化的城市,城市基础设施的作用越显得重要。具体说来,城市基础设施建设的重要意义体现在以下几个方面:

1. 城市基础设施建设为城市的存在和发展提供了基本的物质条件

城市是社会生产力在地域空间集聚的形式,城市基础设施则是城市各种生产要素聚集的物质基础。它是城市存在与发展的物质条件,也是城市与农村区别的重要标志。城市生活和生产都是社会化的,而且越来越现代化。现代化的生产和生活所需要的能源、交通道路、邮电通信、水资源等都是由城市基础设施供给的。离开城市基础设施,城市就不成其为城市,城市就无法生存下去;离开城市基础设施的发展,城市也无法发展。城市的扩大和发展甚至城市的现代化的重要条件之一,在很大程度上取决于基础设施已有的容量和可以增加的容量。一个城市基础设施的容量多大,预示着它的发展潜力有多大。

2. 城市基础设施建设为市民生活提供着基本条件

现代城市居民对城市基础设施的依赖性在日益增加,现代化程度越高的城市,居民对城市基础设施的依赖性越强。难以想象,现代城市居民如果离开了自来水和电,究竟该如何生活。城市基础设施提供的电、水、热、气、道路、桥梁、公共交通、邮电通信、排污设备等都直接影响着市民的生活。

3. 城市基础设施建设为城市发挥和提高其聚集效益提供物质动力

从历史上看,城市之所以能够得到迅速的发展,就在于城市跟农村相比起来，有很高的经济效益。城市经济的高效益，是由城市基础设施提供的物质条件决定的。城市是区域人口、物资、资金、信息的聚集地，城市基础设施的发展，不仅促进了城市各部门分工的发展，而且还为各部门分工提供了物质条件，并且还可以把城市的各种要素组合为有机整体，城市的分工进一步提高了城市的生产力，同时也使城市聚集的经济效益和相邻的经济效益得到了充分的发挥。所以没有城市基础设施，城市经济的集聚性和集聚经济效益是无法存在和发展的。

4. 城市基础设施建设为发挥城市的辐射能力提供了物质保障

城市如果发挥其辐射能力，可以带动整个地区社会经济的发展。城市辐射能力的强化在于能增强城市本身的经济实力和综合服务能力，而城市基础设施则是城市综合服务能力的重要组成部分。城市基础设施如果是健全和完善的，城市的中心作用就可能得到充分发挥，城市的辐射能力就会变得强大。城市基础设施所具有的发挥城市辐射力的物质基础作用，是其他设施无法替代的。

第二节 城市基础设施管理

要使城市基础设施所具有的功能得到充分发挥，必须加强城市基础设施管理。城市基础设施管理包括城市基础设施的建设管理和城市基础设施的运营管理。加强和改善城市基础设施管理，应当根据城市基础设施管理的科学原则，健全城市基础设施管理机构，改进城市基础设施管理方式，以城市公众对城市基础设施的满意为目标。

一、城市基础设施建设的投融资方式

建国以来，我国的城市基础设施建设取得了巨大成就，尤其是改革开放以来，我国的城市基础设施进入了快速发展期。但是，相对于城市化和城市现代化发展速度而言，我国的城市基础设施仍然显得很落后。我国城市基础设施建设长期滞后于城市发展，这固然与我国国民经济的总体水平较低、技术落后、资金不足有关，但与经济体制，特别是城市基础设施的投融资体制有更为密切的关系。一些研究者认为："基础设施的效率和效益之所以存在差别，不仅与经济增长的总体条件有关，而且与体制环境有关……体制环境的变化可以改善基础设

施部门的经营状况,即便在收入低时亦如此。"[1]

长期以来,我国城市基础设施管理体制一直固守计划经济的模式,对可以产业化经营的公共服务仍然固守政府公益事业的传统观念,建设资金以财政拨款和行政性贷款安排为主,相当一部分基础设施和公用服务的价格由国家定价,致使社会资源难以进入这一领域,导致基础设施供给不足、效率低下。城市基础设施项目繁多,性质各异,对资金来源和价值补偿的要求也不尽相同;因此有必要针对项目性质和运行特点选择资金来源和投融资管理方式,并将其制度化和规范化。

此外,在以城市财政为供给主体的前提下,建立以政府为指导、市场为基础的城市基础设施发展的投融资体制,鼓励多元投资主体参与城市基础设施建设,才能更有效地满足城市对基础设施日益增长的需求,促进城市的发展。这也是现代城市基础设施建设的必然趋势。我国完善城市基础设施投融资体制的总体思路是:积极探索城市基础设施建设的非政府融资渠道;政府资金在发挥主导作用的同时,还应广泛启动和引导社会资金投入城市基础设施建设。具体说来有以下几方面:

第一,重新界定城市基础设施的可市场化与不可市场化的界限。从整体上看,城市基础设施具有公共物品的性质,这就决定了城市财政在城市基础设施投融资中的主体地位。特别是在发展中国家,"大约90%的基础设施建设资金来自政府"[2]。但是,若是从具体的基础设施项目的特点来分析,我们就会发现许多基础设施项目的建设和运营其实完全可以引入市场机制,实现投资和经营的多样化。基础设施能否市场化的经济技术标准一般有两个:一是公共性的强弱,二是可分割性的难易。从这两个标准来看,城市道路和桥梁、防洪设施、环境保护等可能是难以市场化的,而电信、公共交通、停车场、公园等则是可以市场化的。

第二,充分发挥政府在基础设施建设中的主导作用。城市基础设施的公共物品性质决定了政府必须在基础设施建设中起到主导作用。不过,政府的主导作用主要是体现在质上而非量上。也就是说,政府的投资主导作用不是体现在占有资金总额的比例上,而是体现在以政府少量的投入引导社会资金的大量投

---

[1] 世界银行:《1994年世界发展报告:为发展提供基础设施》,中国财经出版社1994年版,第26~27页。
[2] 世界银行:《1994年世界发展报告:为发展提供基础设施》,中国财经出版社1994年版,第89页。

入上来,即政府所起的作用是"掌舵"而非"划桨"。政府所要做的一是以市场为基础,创造符合市场机制的制度环境,如在引资过程中的公开、公平;二是逐步建立以城市基础设施有偿使用为主体的价值补偿体系,确保现有资金渠道的正常运行,形成投资—建设—维护—投资回收的资金良性循环;三是通过提供项目启动资金、税收优惠等方法引导资金投入城市建设最需要的领域。

第三,充分利用市场机制筹集基础设施建设资金。这是当今世界上通行的办法,也是城市基础设施建设资金的主要来源。盈利性是吸引非财政投资的关键因素,因此,需要根据基础设施的技术特点和盈利能力进行科学分类,并采取不同的投融资政策。对一些由于高度自然垄断性而可以获得超额利润的基础设施项目,政府应该通过价格管制和税收,使经营者得到合理利润;对大体可获得社会平均利润的项目,宜采取中性的投融资政策;而对虽可营利但低于社会平均利润水平和"政策性亏损"的项目,则可通过财政补贴、营利水平不同项目的组合等方式,使投资者有积极性。[1]

在计划经济体制下的单一的政府投资体制已经不能适应城市基础设施大发展要求和公众需求的情况下,改革城市基础设施的投资体制势在必行。在新的投资体制中,政府应该更多地起到"掌舵"的作用,其职责是借助财税政策等杠杆,给非财政性投资主体创造出有吸引力、大体平等的参与环境,以广泛吸引资金投入到城市基础设施建设中来。新的投资体制主要有以下几种:[2]

(1) 政府投资,委托法人团体经营。这种方式的特点是由政府投资,所有权属于政府,由法人团体按照商业经营方式进行运营管理。这样既可以保留政府投资的某些优势,又可以促进政府职能的转变,重新定位政府与市场的关系,使政府从繁杂的生产活动中解脱出来,而且可以发挥法人团体在经营管理上的长处。政府在制定明确的目标之后,将具体计划的实施交给某些法人团体,这些法人团体的自主权较大,责任较为明确,成本效益透明度高,因而这种方式的投资效率较高。

(2) 政府管制下的私人投资。对于单位投资额不大的基础设施,如公共汽车、电力、电信等,可以由政府授予企业特许投资权,由企业经营管理。但是,由于这些基础设施往往具有一定的公共物品或自然垄断的特性,完全市场化可能会对消费者的利益造成损害,因而政府有必要对其价格、利润、数量、质量等方面进行一定的管制。这样可以在政府的管制或引导下形成具有竞争性的投资准市

---

[1] 参见王雅莉主编:《市政管理学》,中国财政经济出版社2002年版,第163页。

[2] 参见王佃利等主编:《现代市政学》,中国人民大学出版社2004年版,第240~241页。

场,投资者自担风险,具有了提高投资回报率的内在动力和竞争的外在压力,而政府在一定程度上减轻了财政负担,消费者的选择范围也扩大了。

(3) 政府与私人共同投资。对于具有明显的外部性而投资营利较低或风险较大的基础设施,可以采用政府与私人共同投资的方式,由政府起着引导私人投资的作用,以保护私人投资的积极性。比如,可以采取投资参股、提供优惠借款、无偿或低价提供土地和减免税收等方式。这类设施的收费,可以由市场供求关系和竞争情况来调节。

(4) 在政府允许的条件和范围内,完全由私人投资。这种投资方式仅限于不存在直接收费困难而且具有竞争性的基础设施。对这类基础设施的投资,政府基本上不进行直接投资和经济资助,收费标准由市场供求关系和竞争情况来调节,私人投资完全受市场调节。在这里需要注意的是,应正确区分公共财政与市场机制的作用和职能范围,实行政企分开,引入竞争机制,打破垄断,放宽市场准入,实行特许经营,鼓励非公有制企业参与城市基础设施的建设和经营。BOT 就是一种国际上流行的成功率比较高的投资方式。BOT,即建设—经营—移交(Build,Operate and Transfer),这种方式是由政府与私营投资者就某个通常由政府控制、拥有和支配的大型基础设施建设项目签订合同,政府特许该私营投资者建设好基础设施后在一定的时期内拥有和经营这些设施,收取一定的资金偿还债务,获取利益;特许期满后,该基础设施项目无偿转移给政府,政府最终获得所有权和经营权。与传统的借资引资方式相比,这些方法更为灵活,也减少了政府还本付息的包袱,还有效缓解了城市基础设施建设资金的不足。随着我国资本市场的发展,证券化融资在城市基础设施建设融资体系中将扮演越来越重要的角色。证券融资首先要创立按市场化方式运作的上市公司,这既可以较为灵活地盘活城市基础设施的存量资产,又可以利用证券市场增资配股为新的基础设施建设项目筹集到必要的资金,使新项目的建成并投入使用成为上市公司新的利润增长点,从而可形成新一轮的增资配股活动,有助于实现城市基础设施的滚动开发。供电、供水、公共交通、邮电通信等城市基础设施项目,由于其所提供的服务层次属于满足社会基本需求,需求弹性较小,通常受到国家政策的支持,其业绩受到通货膨胀、经济衰退等不利因素的影响较小,因而上市股票在证券市场上是真正的蓝筹股,自然受到广大的投资者,特别是稳健型投资者的青睐。

二、城市基础设施建设施工管理

城市基础设施项目的施工管理,是投资主体或项目经营者对项目施工全过

程的管理。投资项目施工管理的主要内容有:

1. 投资项目施工单位的选择。施工单位选择是否得当,对投资项目施工的质量、工期、费用以及建成后能否发挥投资效益起着关键的作用。因此,施工管理首先是选择合适的施工单位。我国现行的承包体制,对施工单位的选定有三种方式:一是政府指令;二是协议承包;三是招标承包。三种方式各具特点,而招标承包是一种市场竞争方式,投资者可以通过广泛比较,优选比较理想的施工单位。

2. 施工阶段工作内容的管理,包括以下几个方面:

(1) 施工准备。它是对开工后能否顺利施工起决定性作用的施工管理的重要阶段。建设单位通过审评施工承包商编制的施工组织设计及所提供的施工条件,确定中标企业,签订承包合同,协助主要物资的申请和订货,以及施工现场的施工准备工作。

(2) 施工过程。这是从开工之日起到工程全部竣工验收开始前的整个项目生产过程。在这一过程中,要编制计划控制进度,拟订保证质量和安全的措施,对施工进行监督、检查和调度。

(3) 竣工验收。竣工验收主要做好以下工作:准备和提交竣工资料,建设单位在收到承包单位提供的竣工材料后,派人会同交工单位进行检查和鉴定,进行设施的试验,以及工程交接手续。

施工程序的三个阶段是紧密相联、不能违反的。没有合同,决不能进行施工,交工验收应在每一项工程具备交工条件之后,才能进行全部工程的最后验收和鉴定工作。

3. 施工阶段的质量、工期、费用监督控制和管理,包括以下几个方面:

(1) 施工质量监督。施工质量监督是投资项目全过程控制的组成部分,与生产(施工)单位质量管理不同,它是投资者委托政府授权的专门机构对投资项目质量实施的监督。质量监督机构是在各级政府建设主管部门领导下的具有权威性的管理机构。

(2) 施工中的进度安排。施工进度控制的目标是保证项目合同中工期目标的实现。投资者或经营者及其雇佣的监督工程师与施工单位共同参与以下工作:编制投资项目施工总进度计划,规划项目总工期;编制主要单项工程施工进度计划或单位工程施工进度计划;编制全场性施工准备工作计划,有计划地进行施工准备;编制资源供应计划,包括劳动力、材料、构件、施工机械、设备、资金供应等;各项实施计划;检查计划执行情况;计划的调整与修改;对计划执行情况和产生的问题进行分析,找出产生偏差的原因;对进度计划进行动态管理;进行统计计算分析。

(3) 施工中的费用管理。施工中的费用管理,是指将投资项目的费用控制在总概算额度之内。不同的单位,费用控制的目的是不同的。业主及其代理监理工程师主要从以下几个方面工作:编好标底,并以此作为评标尺度,合理确定合同价格基础;以中标价为基础进行谈判、确定合同价;业主及其受雇监理工程师约束工程价款支付和索赔要求;业主和监理工程师合理控制工程变更,严格审查承包商索赔要求。[1]

第三节 城市道路交通管理

在城市基础设施管理中,道路交通问题十分突出。改革开放以来,我国城市经济发展速度很快,但道路交通建设滞后,城市用地不合理,交通体系不健全,管理体制不顺畅,这在很大程度上制约了城市的可持续发展。借鉴国外城市道路交通管理的先进技术和经验,改革道路交通管理体制,完善道路交通管理,是促进城市可持续发展的必然要求。

一、城市交通管理概述

城市交通是在城市道路设施上行驶的各种车辆和行人的来往通达的总称,是实现人流和物流定向空间移动,保证城市各种活动正常和有效进行的基本手段。城市交通管理就是对通行于城市道路的一切车辆和行人进行监督和管理,目的是综合协调人、车、路构成的道路交通系统中各交通元素之间的关系,保证交通的安全和畅通。

科学合理的城市交通管理应遵循以下基本原则:

1. 交通分离原则

通过在一定程度上把具有不同运行速度、不同配套设施的交通工具进行分离,使同一种类的交通工具在同一车道或车道内的同一区域行驶,防止不同速度的交通工具相互干扰,以达到提高行驶速度、减少交通事故的目的。通常采取划线分离、设隔离墩、修筑立体交叉和专用道路以及采用交通信号控制等措施,在

---

[1] 参见王雅莉主编:《市政管理学》,中国财政经济出版社2002年版,第164~166页。

空间上和时间上分离道路上的交通。

2. 交通流量均分原则

通过采用单向交通、禁行交通(在交通拥挤的道路上禁止某种或几种车辆通行)、禁止左转弯、分流过境交通以及错峰上下班制度等方式使交通流量在时间上或空间上均匀分布,以减少交通拥挤和减轻道路的负荷能力,保持道路畅通。

3. 交通连续原则

交通连续是指在交通过程中,空间、时间、运行管理上和交通参与者本身精神上的连续。它包括:交通工具的连续性,减少交通工具在路上的抛锚现象;交通组织的连续性,保证指挥管理的高效灵敏;交通设施的连续性,防止标志信号等系统的中断;交通运行的连续性,减少交通参与者不必要的中途来回改变和逗留。保障交通运行的连续性,可以减少交通运输工具和交通参与者占用道路的面积和时间,加快交通流量。

4. 交通总量削减原则

交通总量是所有交通参与者与其旅行时间(或旅行距离)的乘积总和,包括机动车交通量、非机动车交通量以及行人交通量等。改善城市交通不仅要增加交通供给,而且要削减交通总量,使交通总量达到最小的办法是尽量减少交通参与者的数量或将交通参与者的旅行时间缩短,最好是两者同时减少。通过减少交通参与者的总量、占用道路面积和占用道路的时间,达到改善交通运行的目的。

5. 优先权原则

优先权原则是指赋予有利于城市交通状况好转的交通方式以对道路交通资源的优先使用权,包括:直行车辆优于转弯车辆;在干线道路上运行的车辆优于在支线道路上运行的车辆;车辆行至无管制的道路交叉口时只有在右边无车辆驶入路口时才可以通行;一切车辆在车道内通行时优于行人,但在人行道内行人优先;执行任务的警车、消防车、救护车等紧急车辆优于其他车辆。

二、城市道路管理

道路是通行各种车辆和行人的工程设施。在我国,道路分为公路和城市道路。城市道路是指修建在市区,路两侧有连续建筑物,用地下沟管排除地面水,采用连续照明,横断面上布置有人行道的道路。它包括城市规划区内的车行道、人行道。城市道路构成城市的骨架,确定城市的格局,是城市最基本的基础设施,是形成良好的生产环境和生活环境的保证。适宜的道路率、道路密度等可为生产运输提供条件,必要的绿地隔离带和步行空间使居民感到舒畅与开阔。在城市防灾中,城市道路还起着缓冲和阻断的作用,是疏散人流和物流的通道。城市道路的发达程度,在一定程度上反映了一个城市的文明水平。

根据我国的《城市道路交通规划设计规范》,城市道路通常分为快速路、主干路、次干路和支路四类。如果以道路的性质和功能为标准,城市道路系统则区分为交通性道路和生活性道路两大类,两者的比例关系视各城市的具体情况而定。道路建设是用来解决城市中各用地之间的交通联系,以及城市对外交通之间的联系问题的,因此必须以方便、舒适、通畅为原则,处理好交通性道路和生活性道路的关系,使交通在解决人们出行问题的同时,提高居民的生活质量。[1]

城市道路管理包括城市道路规划、建设、养护、维修和路政管理,以及桥梁管理和高架大型桥隧管理等内容。城市道路的系统规划是城市道路管理的首要环节;城市道路的建设应当符合城市道路技术规范;城市道路的养护、维修要求有关政府部门对其组织建设和管理的城市道路,按照城市道路的等级、数量及养护和维修的定额,逐年核定养护、维修经费,统一安排养护、维修资金,承担养护、维修的单位严格执行城市道路养护、维修的技术规范,定期对城市道路进行养护、维修,确保养护、维修工程的质量,政府部门加强对养护、维修工程的质量进行监督检查,保障城市道路完好。路政管理的主要任务是禁止有损城市道路的不当行为,如禁止擅自占用或者挖掘城市道路;禁止履带车、铁轮车或者超重、超高、超长车辆擅自在城市道路上行驶;禁止机动车在桥梁或者非指定的城市道路上试刹车;禁止擅自在城市道路上建设建筑物、构筑物,以及其他损害道路、桥梁、路灯设施的行为,其目的也是为了保障道路完好、交通畅通。

城市道路之于城市交通,好比人的血管之于血液。城市道路网的布局形式、密度,道路的宽度、横断面布置及交叉口的处理等,都直接关系到交通通畅程度。因此,规划好道路网是健全城市道路系统,满足城市交通对道路的需求的先决条件。道路网规划的编制,应考虑以下因素:

(1) 城市道路网的规模和分布范围,应根据城市的大小而定。规划过大会造成建设资金和用地的浪费,过小则不能适应城市交通的要求。

(2) 道路网规划编制,应依据城市土地利用规划中的中心区、商业区、工业区、居住区、文化活动区等城市功能分区,合理配置道路系统,满足各功能区的需要。

(3) 规划道路系统时,先定出道路的干道系统,再制定整个城市的道路网。

---

[1] 参见秦甫编著:《现代城市管理》,东华大学出版社2004年版,第210页。

城市道路系统有方格式、对角线式、放射环形式等,它们各有优缺点,应该因地制宜地选择。

(4) 应对城市主要人流的方向、流量及在全市人流总数中的比重进行预测、估算,并据以进行规划,使所有道路主次分明,分工明确,组成一个合理的道路系统。

(5) 由于城市道路下有给水、排水、煤气、通信电缆等管线沿道铺设,道路网规划应充分考虑各种市政管线的特点和要求。

(6) 城市道路网要有适当的宽度和密度,使道路的间隔、用地面积经济合理。密度过小,影响人们的出行;密度过大,浪费城市宝贵的土地资源。因此,这个合适的标准应当是人们出行的方便和道路交通的畅通。

(7) 要规划道路系统与铁路车站、水运码头、机场以及周围城镇的联系,保证城市对外客货运输任务的完成。注意城市道路与铁路的交叉形式问题,城市桥梁的数量和位置问题。停车场、加油站和各种站点应该与交通枢纽紧密结合,城郊结合部位应该设有停车场、加油站和各种站点。

(8) 行人步行要避免和其他交通方式混杂,防止降低其他交通工具的通行速度。可以采取的措施包括:在混合道路上设置人行道规范行人,在道路的交叉口设置交通信号管理,建设人行过街天桥疏通交叉口流量;另外,在商贸区较为集中的地方开辟步行街和步行区等。

(9) 要合理划分道路横断面的板块数量,并使它们的用途能够相互协调,降低道路交叉口机动车和非机动车的相互干扰,提高主要道路的通行能力。由于城市交通堵塞往往发生在道路的交叉口,所以,要正确处理好对它们的建设规划。道路交叉口的选址要科学,并且要为以后建设立交桥留下空间;交叉路口之间的距离不应太近,根据国外的经验,两个交叉口之间的距离不应小于1公里;快速干道上不应该建设交叉路口,以避免阻滞;道路的交叉应该根据交通流量和交通方式采取多种方式,如立体交叉、平行交叉等。

三、我国的城市交通问题及其综合治理

我国的城市交通存在许多问题,主要有:

1. 公共交通数量不足,结构单一。我国城市公共交通远远不能满足日益增长的交通需求,数量较少,平均每千人拥有量不仅远远低于发达国家的水平,而且与一些发展中国家相比也有距离,远远不能满足城市居民生产、生活的需要。公共交通的结构也比较单一,许多大城市的公交只有汽车,90%以上的城市没有

轻轨交通,难以发挥公共交通的高效。

2. 交通构成混杂。不仅道路的构成不够合理、规划性不强,不能形成合理的网络,而且先进的交通方式和交通工具往往与落后的交通方式和交通工具并行。另外,道路功能混乱,混合交通较多,客运与货运车辆、市内与过境车辆、机动车与非机动车等往往在同一路面上混合行驶,致使道路通行能力得不到充分发挥,速度逐年下降。

3. 自行车数量过多,对城市交通造成了很大压力。中国是自行车的王国,自行车长期以来一直是我国城市内部交通结构的主体部分。在多数大城市的客运结构中,自行车交通出行占到了30%以上,小城市所占的比例更高,尤其是居民短距离交通出行,自行车交通更占到60%以上,而且自行车的数量增长很快。尽管自行车交通具有方便、灵活、经济、无污染等诸多优点,但它的弊端也是明显的。首先是自行车占用道路面积大,6辆自行车行驶所占的道路面积相当于1辆公共汽车所占的面积,运输效率低。其次是一些骑车者交通法规意识淡薄,闯红灯、骑车逆行等违规现象司空见惯,不仅影响了交通行驶速度,而且容易酿成交通事故。另外,乱停乱放自行车的现象也相当普遍,严重影响了交通和市容。

4. 道路建设缓慢,滞后于需求增长。由于我国长期忽视交通投入,把交通当作非物质生产领域,按照先生产、后生活的方式指导投资,导致我国的城市道路交通建设长期滞后。尽管改革开放以来,国家加大了建设力度,但由于历史欠账太多,建设速度缓慢。特别是与快速增长的城市经济和城市交通需求相比,我国的道路建设更是相形见绌。

5. 城市交通管理设施差,技术落后。总体而言,我国交通管理设施以及管理水平是比较低的。由于经济和技术的限制,我国大多数城市,尤其是中小城市,交通管理仍停留在人工管理的"点控制"阶段,没有建立交通指挥中心,缺乏交通监控中心等现代交通管理系统,离交通管理的信息化和智能化的"线控制"和"面控制"还有很大的距离。而且各种交通设施老化折旧也很严重,不能适应现代城市发展的需求。

解决交通问题,要加强道路交通设施的建设,但是不应局限于道路交通设施的建设,管理应当是重点。因为城市交通不仅是硬件,而且是软件,城市交通设施只有通过管理才能充分发挥其价值和作用,有效地服务于城市生产、生活。为了搞好城市交通,特别是城市公共交通,从我国实际情况出发应当采取综合治理的措施,实施有效的管理。

1. 在城市规划上,合理调整布局,形成"多中心"的城市,以方便市民生活,减少客流量,减轻对市中心的交通压力。居住区与工业区的距离要适当,既保证市民有优美安静的生活环境,又能减少交通量。同时,搞好道路系统的规划,为城市交通运输创造良好的条件。城市中吸引人流的集散点、枢纽点,如大型的体育场、影剧院、游乐场,以及铁路旅客站、长途汽车站、客运码头、大型工厂等,都会引起复杂繁忙的交通运输问题。在对城市进行总体规划布局时不要将吸引大量人流的公共建筑物集中在一起,以免造成交通运输和管理上的困难。对于有大量人流的建筑物的出口,要避免直接设置在交通干道上。已建成的项目,在交通干道上仍可保留其入口,至于其出口,应按照能在短时间内疏散大量人流的要求,分别通过邻近几个支路、小巷疏散人流,以免干扰主要交通干道。

2. 在管理上,要设法减少交通量,提高通行能力。修建交通设施是解决"行车难"的关键,但花费大,见效慢。比较现实的办法是加强调度,减少不必要的人流和物流,缓解城市交通拥挤状况。具体措施如下:

(1) 实行公交优先政策,防止公共交通衰退。公共交通具有人均占地少、污染小、节约能源、客运效率高等优点,优先发展公交,提高其运输效率和服务质量以吸引大量乘客,可以降低私人交通工具的出行量,从而减少交通总量,缓解交通拥挤、提高道路交通效率。法国于20世纪60年代首先提出公交优先政策,逐渐获得世界认同,这一政策迅速在欧美国家中得到推行,取得了良好的效果。公共交通优先政策主要有三种:在经济上政府扶持,在法规上公交优先,同时限制私人交通工具的发展。通过这三种政策引导人们更多地使用公共交通,减少私人交通工具的使用,以达到削减交通总量的目的。我国有必要借鉴这一政策来缓解日益严峻的交通状况。

(2) 调整车型结构,采用大型车辆。在许多正在加快建设和发展的城市中,矿石、建筑材料、煤炭、土石方等货物运量占的比重很大。使用大型车辆运输,不仅可以提高运输的经济效益,而且还可以大大减少货车流量,减轻城市交通的压力。

(3) 在条件成熟的地方,可以考虑试行高峰价格制度。通过对高峰时段和一般时段使用交通设施采用不同的收费标准,适当提高高峰时段使用交通设施的价格,把价格调节这只"看不见的手"引入交通流量调节,可以引导交通参与者的出行路线和出行时间,达到合理分配交通流量的目的。

(4) 严格限制过境车辆,合理组织市区货运。过境车辆加重了城市交通运行的负荷,因此修建过境公路,使长途运输车辆不进入市区,是减少城市交通总量的有效办法。同时,市区的货运要周密组织,减少货车数目,减少行车里程,避开高峰时间。在有条件的城市,还可考虑在近郊建立货物流通中心,凡外地来的货车在这里卸货、编组,再运往市区各地,以减少外地进城的车流。

（5）大力发展第三产业，合理分布商业服务业网点，使居民就近购买货物，方便生活，减少客流。

（6）错开上下班时间，减少高峰时间的客流量。市民上下班活动，是城市内部人口流动的基本现象。其特点是流量大、时间短。城市交通问题，在上下班高峰时表现得特别明显。如果能有效解决城市上下班的高峰问题，就可以解决大部分城市交通问题。实践证明，错开职工上下班的时间，通过延长运输时间来降低高峰的峰值，可以有效缓和上下班高峰时间的交通负荷。在一些通往城市工厂区的交通干线上，更应该采取这个办法来缓解交通拥挤的矛盾。

（7）改善城市道路系统。新铺设的道路尽可能采用"三块板"形式，使机动车与非机动车分流；也可采取快慢车双向分流的"两块板"形式；拓宽现有道路上的"瓶颈"、"蜂腰"，打通墙头卡口，使道路畅通；封闭一些与主干道相交的小街小巷，以减少与主干道交叉的路口数量，提高行车速度；繁华的商业街辟为步行街，禁止车辆行驶等，都可以达到提高车速、提高运输效率、减少交通事故的目的。[1]

3. 借助现代化的管理手段和管理技术，提高城市交通的管理水平。随着信息社会的到来，当今世界各国纷纷把现代信息技术引入城市交通管理，致力于交通管理手段和管理技术的信息化，开发和建立智能交通系统，并把它作为解决交通拥挤、交通事故、环境污染、交通能源问题和加速交通运输产业高科技化的战略决策。智能交通系统是将先进的信息技术、数据通信传输技术、电子控制技术以及计算机处理技术等有效地综合运用于整个交通管理体系，而建立起来的全方位、实时、高效、准确的综合运输管理系统。通过智能交通系统，交通控制中心可以在最短的时间内收集到交通信息，及时作出科学的交通管理决策，进行全方位的控制和调度。与此同时，驾驶员也可以通过这套系统及时得到交通控制中心的相关信息和交通路线的选择建议，以保证自己始终行驶在最短的途径和最畅通的道路上，减少交通拥挤，并且通过安全系统来弥补人们自身感官功能的不足，达到减少交通事故的目的。

---

[1] 参见秦甫编著：《现代城市管理》，东华大学出版社 2004 年版，第 214～216 页。

第六章　城市经济管理

城市是一个由非农经济部门聚集而成的经济有机体。城市经济所具有的不同于农村经济的特点，决定了加强城市经济管理的必然性。城市经济管理是城市管理体系和整个国民经济管理体系的有机组成部分，其目的是充分发挥城市经济在社会经济运行中的重要作用，促进和保证社会经济有序地正常运转。

第一节　城市经济管理概述

一、城市经济的内涵和特点

按照1988年出版的《中国大百科全书》经济学卷的解释，城市经济是由工商业等非农经济部门聚集而成的地区经济。具体说来，城市经济是以城市为存在和发展的空间，以各种要素的高度聚集，各种经济活动的频繁开展并能取得高聚集效益和规模效益为特征的非农业性产业、公共经济、消费经济、土地经济等的有机综合体[1]。

作为人类社会再生产过程在城市空间范围内的具体表现，与农村经济不同，城市经济具有综合性、集中性、相对独立性和高度开放性等特点。综合性是指城市包含工业、商业、交通运输业、信息服务业等许多经济部门，各个部门又包含众多的企业和单位，它们在分工协作的基础上结成一个综合性的经济有机体，形成一种综合性的经济体系。集中性是指城市是社会各种经济活动聚集的地方，大量的人口、资金、信息、企业相对集中在城市这一特定的区域中。相对独立性是指城市区域作为国家的组成部分，是经济活动的空间集聚地，在经济活动密度、

---

[1]　丁健：《现代城市经济》，同济大学出版社2001年版，第1页。

经济发展目标、经济发展制度及产业结构方面与其他区域有着较大的不同,城市是一个相对独立的地域。高度开放性是指城市是跨行政区域,甚至是跨国界的物流、劳动力流、资金流、信息流的中心,具有沟通城乡和国内外经济联系的功能。[1] 正是城市经济的这种特点,决定了加强城市经济研究和城市经济管理的必然性。

二、城市经济管理的必要性

城市经济管理是以城市政府为核心的公共部门,对城市经济的各个领域,通过对生产力各要素进行合理组织和对不同产业、不同行业以及不同社会集团之间的经济利益关系进行合理调节,以实现城市经济发展目的的活动与过程。从城市经济学的角度来说,城市经济可分为宏观城市经济、微观城市经济进行研究,即"可以在宏观城市经济学和微观城市经济学之间划出研究上的明确界限"[2]。前者主要涉及城市的形成,城市化过程中城市经济的发展,城市与外部的经济联系,包括城市与国民经济以及城市辐射地区和临近地区的经济关系和活动;后者则主要侧重于城市内部的各种经济活动和经济关系,包括城市经济的发展规划与建设、人口与就业、土地开发与利用、住宅建设与管理等方面。然而,城市经济与地区经济和国民经济是一个有机整体,城市内部的经济活动与城市外部的经济活动之间存在着密切的联系。因此,城市经济管理活动不可只就单独的城市经济体系孤立地进行,而是必须在考虑国民经济和地区经济的前提下,根据城市所处的发展阶段、在国家和地区中的地位及其自身特色,对城市经济体系、经济活动和经济关系进行规划、组织、调控并提供必要的服务。

当城市还处于初始状态或还只是孤独地呈点状分布时,城市经济的发展对国民经济和整个社会来说,并不具有决定性的地位,城市经济的总量较小,构成也比较简单。在现代社会,城市的聚集性已得到充分发挥,而城市布局又星罗棋布地分布于地球表面,城市经济发展对国民经济和整个社会来说,已占据越来越重要的地位,城市经济总量的增长速度超过了社会经济总量的增长速度,其构成也越来越复杂了。[3] 在现代城市发展背景中,对城市经济进行有效的管理已成

---

[1] 参见尤建新主编:《现代城市管理学》,科学出版社、武汉出版社2003年版,第126页;丁健:《现代城市经济》,同济大学出版社2001年版,第1页。
[2] [英]K.J.巴顿著:《城市经济学——理论和政策》,商务印书馆1984年版,第9页。
[3] 中国社会科学院研究生院城乡建设经济系编:《城市经济学》,经济科学出版社1999年版,第4页。

为维持城市经济正常运转、促进城市经济健康发展的基本的、必要的手段,同时,也是实现整个国民经济可持续发展的重要环节。具体说来,城市经济管理的意义在于:

(1) 在我国,城市经济管理是保证我国经济持续快速健康发展,实现全面建设小康社会目标的重要途径。城市经济是国民经济在空间上的聚集,这种聚集带来了国民经济总量的绝大部分。自改革开放以来,随着我国城市化进程的不断加速发展,城市经济在国民经济和区域经济中的比重越来越大,并在国民经济和区域经济的发展中发挥着越来越重要的作用。城市经济管理直接作用于城市经济的运行。从经济学的观点出发,管理也是一种必要的生产要素,有效的管理必然会产生良好的城市经济效益,从而在很大程度上促进国民经济的可持续发展,推进我国经济现代化和全面建设小康社会目标的实现。

(2) 城市经济管理是充分、合理利用城市资源,实现城市经济可持续发展战略的有效手段。城市是以人为主体、以空间利用为特点、以聚集经济效益为目的的一个集人口、经济、科学文化的空间地域系统。城市空间的人口、各类产业、住宅和交通网络高度密集,城市的这种聚集性决定了城市资源的稀缺性,尤其是自然资源,如土地、淡水等。这些城市资源的保护和有效使用是城市可持续发展的重要物质保证。只有通过对各类城市经济资源进行科学的管理、合理的开发和利用,减少或消除对城市资源的破坏和浪费现象,才能使城市经济进入良性运转,使城市经济走健康的、集约化的发展道路,实现城市经济的可持续发展。

(3) 城市经济管理是保证城市居民生活供给,提高城市居民生活质量的基本手段。城市是人口高度密集的地方,数量巨大的城市居民必须依靠城市经济体系的有效运转提供生活物资。目前,在我国城市人均生活水平还有待大幅度提高的状况下,城市经济的协调运转和快速增长,更离不开高效的城市经济管理。

(4) 城市经济管理是当今经济全球化和贸易自由化背景下促进城市经济和社会发展的必然要求。我们现在正处于一个由信息时代向知识经济时代迈进的世界中,经济全球化和贸易自由化,是这个时代世界经济发展的大趋势。在这种发展趋势中,城市的发展需要城市经济管理为其制定符合各自城市特征的经济发展战略,并实施相应的经济政策,以有效推动城市对外经济交流与合作。富有成效的城市经济管理是处于全球化发展趋势中的城市生存和发展的重要保证。

(5) 城市经济管理是调控市场经济活动,保证国民经济有效运行,加快完善市场经济体系的重要一环。在市场经济中,市场的重要主体、市场的重心都在城市中,城市是市场经济中生产、分配、交换和消费的主要空间地域。建设我国社会主义市场经济，除了中央政府正确及时的宏观经济调控外，有效的城市经济管理也是完善我国市场经济体系，监督和调控市场经济运转，保证国民经济持续、稳定、健康发展的重要环节。

三、城市经济管理的主要内容

城市经济管理是以城市经济活动和经济关系为对象，对城市经济运转和发展所进行的规划、组织、协调和控制以及服务等行为，其根本目的就是要促使城市经济资源的有效配置，以取得最大的经济效益，实现城市经济可持续发展、城市居民生活质量和生活水平不断提高。为此，城市经济管理要根据特定的社会经济条件，按照城市经济运行的内在规律，确定管理内容。因为城市经济系统本身是复杂的有机体，相应地城市经济管理的内容也很庞杂。从不同角度去理解，对城市经济管理的内容可以有不同的认识。

1. 从城市经济管理的对象来看，城市经济管理包括对人力、物力、财力资源的宏观配置与管理。资源配置实质上是人力、物力、财力资源在城市不同经济部门间、不同经济组织间的组合，城市经济管理要从有利于城市整体发展的角度促进这些资源的合理配置。具体地说，城市经济管理主要是对城市内部各类产业、行业、经济集团的经济活动和经济关系进行管理，包括城市产业的合理设置与结构优化、城市市场监督与管理、城市土地开发与利用、城市住宅建设与管理、城市财政管理、城市基础设施与公用设施建设及管理，以及城市经济发展规划的制定、城市对外经济管理、城市资源与环境管理、城市科技文化教育卫生事业的建设与管理等。

2. 从城市经济管理的职能来看，城市经济管理主要是对城市经济运行进行规划、组织、调控和服务。规划，就是根据国家政策方向和城市实际情况，制定城市经济社会发展战略、城市经济发展规划和产业政策，为城市经济发展描绘蓝图、把握方向；组织，就是根据城市发展战略与规划，利用各种合法手段，经济、合理地组织人员、资金和其他资源，以促进城市经济发展规划的实施；调控，就是根据宏观调控与市场调节相结合的原则，在积极发挥市场调节作用的基础上，合理选择调控手段，进行宏观调控，以引导城市经济发展方向、提高整个城市经济运行效率；服务，就是加强城市基础设施与公用设施建设，制定、完善各项经济与行政法规、规章，培植、完善城市市场体系，为企业等经济主体的经营活动提供良好的外部环境。

四、城市经济管理的基本方法

城市经济管理的基本方法,是指城市经济管理机构为了履行城市经济管理职能,提高经济管理效率,实现城市经济管理目标的一般手段、措施和途径。城市经济管理的基本方法主要有经济方法、法律方法、行政方法、咨询顾问方法、宣传教育方法等。

1. 经济方法。在市场经济中,经济方法是经济管理的最基本方法。它是指按照客观经济规律的要求,运用经济手段来管理城市经济,即根据国家的方针政策,运用经济杠杆,包括价格、税收、信贷等来调节经济关系和经济活动。经济方法具有宏观导向性,对城市经济运行进行间接调节。

2. 法律方法。从一定程度上讲,市场经济就是法制经济,依法进行城市经济管理,不仅是建设我国社会主义法治国家的必然要求,而且是现代城市经济正常运行的内在要求。法律方法就是指城市经济管理机构,按照国家和政府制定的各种经济法律、法规、规章、条例,规范城市经济活动、控制城市经济运行。法律方法具有权威性、规范性、稳定性和可预见性等特点。

3. 行政方法。这是城市经济管理活动最古老的方法,主要指政府部门所采取的监督、指挥和干预城市经济活动、控制经济运行的一系列行政措施,包括有关经济活动的决议、决定、指示、命令等。它具有灵活性、直接性和强制性的特点。需要注意的是,运用行政方法时,必须采取原则性和灵活性相结合的方式,不能超越行政职权范围,也不可违背市场经济规律。

4. 咨询顾问方法。这是指各类社会专业组织运用科学方法和先进技术手段对城市经济管理进行筹划。其主要任务是,为城市经济管理机构管理城市经济、制定城市经济政策、解决城市经济问题提供信息资料以及各种选择方案;为城市各类经济主体的经济活动提供咨询指导。随着现代社会信息化、知识化、专业化程度的不断提高,咨询顾问方法在城市经济管理中将发挥越来越大的作用。

5. 宣传教育方法。它是指运用宣传教育手段,包括报刊、广播、电视、网络、书籍等方式向各类城市经济主体宣传城市经济政策方针法规,使之家喻户晓的措施。城市经济管理是一项复杂的工作,城市居民的积极参与是对它有力的支持。在现代城市居民的整体文化水平较高、各类通信手段发达的情况下,宣传教育方法具有传播迅速、教育面广的特点,是一种有效的经济管理辅助手段。

城市经济管理的各种方法都各有短长,在实际运用中要针对具体情况选用最适宜的方法,或单独使用,或双管齐下,或联合运用。总之,要扬长避短、刚柔相济,合理地运用各种方法,以实现城市经济管理的战略目标。

第二节 城市产业发展及其管理

一、城市产业和产业结构的发展

产业或产业部门是指由社会劳动分工而独立出来的,专门从事同类经济活动或同类服务活动的组织及其相互作用的经济活动组成的集合或系统。产业的形成和发展是社会分工发展的必然结果。从历史上看,最初的农业、手工业就是通过社会大分工从经济活动中分离出来的,之后,在社会分工继续深化的过程中又不断形成新的产业,如商业、工业、建筑、交通等产业部门。工业化促使城市化时代的来临,工业经济推动着城市产业的迅速发展。考察城市经济发展的历史,我们可以看到,产业革命后的城市化过程也是城市产业结构不断变动和调整的过程。在这个过程中,新的城市产业部门不断形成,城市产业结构的发展也越来越复杂。在城市化进程中,城市产业结构的演进具有一定的规律性,第二次世界大战后,第三产业继以制造业为主体的第二产业之后在城市经济中迅速发展。城市产业结构作为以往经济增长的结果和未来经济增长的基础,成为推动城市经济发展的基本因素之一。

产业结构的发展状况往往能综合反映一个城市的经济发展水平和城市经济管理水平,并且极大地影响着整个城市经济的发展。所谓城市产业结构,是指城市经济中产业间及其内部的构成、比例和相互关系。它是生产力中最重要的经济结构。[1] 城市产业结构的合理程度决定着城市的性质、发展方向及其在国民经济中的地位、作用。

对城市产业结构有多种分类方法,不同的分类方法对产业结构的研究有着不同的意义。

按行业部门分类。这是最为传统的产业结构分类方法,它按照国民经济的行业部门划分,将城市产业分为农业产业、工业产业、建筑业产业、交通通信产业、商业与饮食服务产业五大类别,每个类别又可以划分为更细小的行业内部

---

[1] 叶孝理主编:《现代城市管理手册》,经济科学出版社1990年版,第67页。

结构。

按要素的集约度分类。按照不同产业部门对资金、劳动力、技术三大生产要素的配合比例，可以将城市产业结构分为资金密集型、劳动密集型和技术密集型三种产业类型。资金密集型产业指单位劳动占用资金较多的产业；劳动密集型产业指单位劳动占用资金较少的产业；技术密集型产业又称为知识密集型产业，指生产过程中技术研究与开发的投入比重很大，对员工的知识层次和专业技术素养要求很高的产业。

按战略地位分类。按照在城市经济中的不同战略地位将城市产业划分为城市主导产业、城市辅助产业。城市主导产业是指主要满足城市外部市场需要的产业，也可称为基础产业；辅助产业或非基础产业是指主要满足城市内部市场需要的产业。

按三次产业分类，即以各行业劳动对象的加工顺序为主，将城市所有的行业部门归并划分为三大产业类别。第一产业，是指利用自然资源进行加工的产业，主要指农业，包括林业、畜牧业、渔业等。第二产业，是指对初级产品进行加工的产业，主要指工业制造业。第三产业，是指一切提供劳务的产业和部门，其中既包括生产领域的部门，也包括流通领域的部门，以及分配和消费领域的部门。这是一种最重要的产业分类法，本书以这种分类为基础，分析城市产业的发展与管理。

在城市经济发展过程中，各个城市因其资源状况、城市地理位置、城市文化历史特色及外部环境等方面的差异，其产业变化的轨迹有所不同。但是，就一般而言，仍具有一些共同的特征，即城市产业结构向高度化发展的趋势。城市产业结构向高度化发展是指产业结构从低水平向高水平发展的过程。

产业结构与经济的发展之间存在着十分密切的相互关联与相互制约关系。经济发展水平的高低决定着一个国家、一个地区、一个城市的产业结构总体状况，反过来，产业结构的调整和优化又可以为经济的发展注入活力，提高经济增长的速度和效益。

二、城市产业政策

产业政策是政府调控产业发展的基本手段。随着经济社会的发展和城市化进程的推进，城市产业结构不断高度化发展，但是，在这个过程中，城市产业不可能自动地或者完全靠市场机制作用自发地实现结构优化、比例协调、布局合理、组织完善、发展健康，城市政府必须进行适当的管理和调控。政府主要采用制定和执行产业政策的方式对产业的状况及其发展实行必要的干预。

正确和有效的城市产业政策是调整和优化城市产业结构,提高城市产业素质,促进城市经济持续、快速、健康发展的重要手段。城市产业政策是政府为了实现城市经济和社会发展战略目标,对城市产业活动进行干预而制定的各种政策的总和。产业活动包括产业类型、产业结构、产业关联、产业布局、产业组织、产业发展等各方面的状况和变化。产业政策的实质是,针对产业活动中出现的资源配置的"市场失灵"情况而实行的政策性干预。产业政策的基本内容通常包括:政策对象、政策目标、政策措施与手段、政策实施的机制与步骤及方式。

现阶段我国城市产业政策的根本目标是:优化资源配置,加快城市经济发展,提高城市经济总体素质和竞争力。近期产业政策的目标是通过实施产业政策,使基础产业得到加强,改组、改造和提高传统产业,培养和发展新兴产业,发展城市的比较区位优势,加快发展第三产业。

城市产业结构政策是最重要的城市产业政策。城市产业结构政策是指根据城市经济发展的内在联系,按照产业结构的发展规律,调控各产业部门在城市经济发展中的地位和作用,同时提出协调产业结构内部比例关系及保证产业结构顺利发展的政策和措施。城市产业结构政策的宗旨是不断促进产业结构的优化升级。它有两种基本政策类型:产业调整政策和产业援助政策。前者的目标是产业结构合理化,后者的目标是产业结构高度化。具体说来,城市产业结构政策的主要作用就是促进不同层次城市产业协调发展、加快产业结构的转换和优化及推动产业技术水平提高。此外,由于生产要素在产业间合理流动是实施产业结构政策的关键,因此,促进生产要素从传统产业、衰退产业、长线产业合理流向新兴产业、弱小产业、短线产业是城市产业政策实施的主要内容。

第三节　城市市场管理

城市市场是依托于城市空间地域而存在和进行的市场活动及其间所发生的市场关系。[1] 它是一个复杂的体系,以市场交易对象的不同特征为标准,城市市场可以划分为消费品市场、服务市场、金融市场、劳动力市场和技术市场等;以市场的空间范围为标准,城市市场可以划分为市区市场、郊区市场、全市性市场

---

[1] 程红著:《城市市场与经济发展研究》,华文出版社2001年版,第12页。

等；按交易方式的时间序列划分，城市市场则又可分为现货市场和期货市场。在市场经济条件下，市场是配置资源的主体。维护市场秩序，弥补市场在资源配置中的不足，是城市经济管理的职能之一。

一、城市市场管理的作用

尽管城市市场是城市经济正常运行和健康发展的基础，市场能通过其内在机制，调节市场主体行为及其利益关系，但是，由于市场这只"看不见的手"的有序运转是建立在必要的监督和规范之上的，而且市场本身也存在着信息不完全性、调节滞后性等固有的不足，因此，城市市场管理必然成为城市市场有序运转的必要条件。城市市场管理的主要目的，就是保证城市市场交易顺利进行，降低交易成本，保护合法竞争，防止垄断，规范市场主体行为，维护良好的市场运转秩序。

城市市场管理是指以城市政府为主体的有关市场管理机构，为了维护城市经济秩序，促进城市商品生产和流通的顺利进行，遵循经济运行规律的要求，运用科学的方法，对城市市场的主体和客体，即对在城市市场上从事商品交换活动的企业和个人等市场主体的行为，和以商品为中心的市场客体包括价格、合同、税收、利润等方面进行的计划、组织、监督和调节。[1]

加强城市市场管理，对促进城市经济稳定发展，增进区域经济交流与合作，推进地区经济和国民经济协调发展，安定人民生活、提高人民生活水平，加快全面建设小康社会的进程，都具有十分重要的作用。

1. 加强城市市场管理是促进城市经济稳定发展，增进区域经济交流与合作的基础和纽带。一方面，城市经济体系是建立在社会分工与协作的社会化大生产基础之上的，而这种专业化协作，要求城市市场提供有效的流通渠道，把不同的生产环节、不同的市场主体联系起来，可以说，城市市场管理是保证市场正常运转、实现城市经济健康发展的客观要求。另一方面，市场机制的开放性和城市市场的地域中心性又决定了城市市场是一定地域范围内生产、交换的中心，是既沟通着城市内的生产和消费，又沟通着城市与乡村、区域及其他城市的生产和消费的纽带。由于生产与流通的关系是作用与反作用的关系，生产决定流通，流通也促进生产；因而，运用科学的方法来管理城市市场，既能推动生产又能有效疏通流通渠道，保证商品交易在城市市场上顺利而迅速地进行，从而增进区域经济

---

[1] 参见叶孝理主编：《现代城市管理手册》，经济科学出版社1990年版，第99页。

交流与合作,推动经济发展。

2. 加强城市市场管理是安定市民生活和提高市民生活水平的重要保证。建设和发展社会主义市场经济,进行社会生产的目的就是为了满足人民不断增长的物质文化需求。广大市民所需要的生活消费品,只有通过城市市场的有效商品流通才能获得。随着我国社会主义市场经济的深入发展,社会购买力不断提高,有效的城市市场管理,将是满足广大消费者不断增长的物质和文化需求的重要保证。

3. 城市市场管理是实现国民经济发展战略目标的重要环节。在市场经济体系中,城市市场是整个市场体系的主体,要促进社会主义市场经济的发展,主要就是加强对城市市场的改革和管理,促进城市市场的不断完善和发展。而且,城市市场在整个空间市场体系结构中的运行中枢和骨干地位决定了城市市场对地方、区域乃至全国市场及经济发展的中心组织和带动作用。要完善社会主义市场经济体系,促进国民经济发展战略目标的实现,必须加强城市市场管理。

二、城市市场管理的原则

城市市场管理的原则主要有符合市场规律原则、依法管理原则、开放原则以及管理有度原则等。

符合市场规律原则,就是指城市市场管理体系的建立、管理方式和手段的选择应按价值规律、供求规律和竞争机制等市场经济的内在规律办事。在管理市场的过程中,应尽量采用经济手段去规范和调节市场行为,保护合法的市场竞争行为。运用经济杠杆来引导、规范、协调和发展商品流通,通过调节各市场主体的经济利益关系来间接调控市场交易行为和市场流通秩序,积极发挥价格、工资、利率、税收等经济杠杆的作用。

依法管理原则,即指市场管理机构必须遵照有关法律、法规的要求,对城市市场活动实施管理。市场经济是以法制为基础的经济,完备的经济法规不仅是市场管理的手段之一,而且也是市场管理活动的依据。城市政府的市场管理机构管理市场交易活动必须依法进行。

开放原则,即指市场管理中要遵循有利于实现完整、统一、开放、竞争、有序的国内市场体系的目标,引导、协调城市市场与域外市场之间的互利合作。随着社会主义市场经济的深入发展,交换规模的日益扩大,城市市场的竞争必然从城市及其区域内部竞争发展到国内竞争,甚至国际竞争。城市市场管理不能采取带有自给自足、闭关自守等封闭经济观念的地方保护主义措施。在市场经济条件下，充满活力的城市市场和富有竞争力的城市自身产品，是城市经济健康发展的基础。而要增强市场活力，提升自身产品的竞争力，城市市场必须同地区市场、国内市场以及国际市场联系起来，扩大城市市场与其域外市场的交流，增加城市与其域外的贸易。

管理有度原则，即管理要得当，该管的就要管，保证市场有序，不该管的不要乱管，才能使市场活跃而不僵化。这一原则的核心是，要保证城市市场活跃而有序。因此，在城市市场管理中，要注意为市场发挥积极作用创造基本的、必要的条件，在市场机制能有效发挥作用的情况下不过多干预市场活动，真正发挥市场在资源配置中的基础性作用。同时，必须加强对市场运行的监督，及时纠正不法市场行为，维护和促进市场的有序运转，以推进城市经济健康发展。

三、城市市场管理的内容

城市市场是一个既庞大又复杂的体系，城市市场管理的内容也非常丰富复杂。但从城市市场的主要构成上来说，城市市场管理主要是对市场主体的管理、对市场客体的管理和对市场行为的管理。

1. 对市场主体的管理，即对市场上从事商品交换活动的一切企业与个人以及其他组织的管理，是城市市场管理的首要任务和核心内容。市场上的商品交换活动，实质上是这些市场主体之间的经济交换活动。目前，我国市场主体尚未达到规范化，城市政府部门必须对参加市场交易活动的企业进行登记，按国家有关法律核发营业执照或其他相关证件，确定城市市场主体的合法地位，监督并保护其在法律规定的范围内从事市场交易活动，维护城市市场秩序。

2. 对市场客体的管理，即指对进入市场交易活动的各种交易对象的管理。市场管理主要就是围绕市场客体的运动而展开的，作为市场客体的商品进入市场也必须遵循一定的规则，以使整个市场交易活动规范化、有序化。根据作为市场客体的商品的不同特征，我们可以将市场管理分为消费品市场管理、金融市场管理、技术市场管理、劳动力市场管理、房地产市场管理、信息市场管理、产权市场管理和文化市场管理等，每种市场客体都有其自身的特点，分别由城市政府不同的职能部门进行管理。各职能部门都应根据国家的法律和市场经济的运行规律，对市场客体进行有效管理。

3. 对市场行为的管理，即对市场主体从事购买和销售等市场交易活动中的经营行为和竞争行为的管理。企业等市场主体进入市场从事市场经营活动和市场竞争活动，必须遵循各种市场行为规范。市场管理的主要目标和任务就是规范、监督市场主体的市场行为,并依法查处和惩罚从事不法市场行为的市场主体,维护城市市场交易秩序。对市场行为的管理包括对市场经营行为的管理和对市场竞争行为的管理。对市场经营行为进行管理,就是要求市场主体必须执行国家的有关法律法规及各种规范性文件,使其一切经营活动在法律法规规定的范围内进行。对市场竞争行为进行管理,主要是防止和纠正不正当的竞争行为。市场竞争包括价格竞争、质量竞争、增加产品品种、提供优质技术和售后服务等。但在市场竞争中,有的市场主体会采取不正当的竞争行为,如欺诈、垄断、倾销等,市场管理机构必须采用法律法规所允许的各种制度、手段和措施加以制止和追究,促使市场体系有效地运转。

第四节　城市土地管理

一、土地及其属性

土地是极其宝贵的自然资源,是生产力的重要要素,是任何经济活动都必不可少的,因为任何经济活动都需要空间,而土地正好提供了这种空间。对于城市经济活动来说,空间就是一切,所以,关于城市房地产有句名言:位置、位置、还是位置。[1] 从不同的角度去认识,人们对土地的含义会有不同的理解。从经济学的角度看,土地是由地球的表层及其附属物构成的一个上下垂直的立体,即土地是地球表面上空一定的高度以及地球表面地下一定的深度组成的物质整体,它包括空气、土壤、水域、植被、岩石、矿藏等一切自然物质,是它们的综合体和抽象物。[2] 土地与其他经济物品,包括地价与其他经济物品的价格、土地市场与其他经济物品的市场,有着本质的区别。这些区别取决于土地的特性。

土地的特性可以分为土地的自然特性和土地的人文特性两个方面。所谓土地的自然特性,是指作为自然物体的土地本身所具有的特殊性质。所谓土地的人文特性,是土地与人类发生某种关系时才会表现出来的性质。

---

〔1〕 中国社会科学院研究生院城乡建设经济系编:《城市经济学》,经济科学出版社1999年版,第198页。

〔2〕 谢文蕙、邓卫编著:《城市经济学》,清华大学出版社1996年版,第223页。

土地的自然特性主要有四个方面：不可移动性，即土地上的土、沙、石等随时可以搬走，但作为立体空间的完整意义上的土地，是人类不可以移动的；它具有原始性或稀缺性，即土地是自然的产物，不能被人工生产出来，所以其数量不能增加，而是由地球的大小决定；不可毁灭性，即土地作为空间位置是永存的，在数量上不会减少，同时只要注意正常的保护，其生产力或利用价值也不会消失；它还具有独特性或差异性，即世界上没有两块土地是完全一致的，各宗土地具有的条件和利用价值都有差异。

土地的人文特性主要有三个方面：一是用途多样性，多数土地就其本身来看，可以作多种不同的用途使用；二是社会经济位置的可变性，即土地的自然地理位置虽然固定不变，但其社会经济位置却是很难稳定不变的；三是合并与分割的可能性，土地作为物质实体是不可以合并或分割的，但是作为权益是可以合并或分割的。

二、城市土地管理的意义

城市土地是指城市管辖区域范围内的土地，主要包括市区土地和城市规划区内的土地。所谓城市土地管理，就是城市政府为调整城市土地关系，组织城市土地合理开发利用所进行的各项工作的总称。

城市土地资源是城市居民进行生产和赖以生活的基础，是城市经济发展不可缺少的最基本的物质资料。城市土地的利用程度和利用状况，同城市经济的发展有着十分密切的关系。城市土地承载着城市大量的经济活动要素和大量的社会劳动积累。这样，一方面，城市土地对城市经济发展有促进作用；另一方面，由于城市土地资源的承载能力是有限度的，随着城市经济的不断发展，如果城市土地不能合理、有效地利用，它的承载力就会减小。这时，势必需要通过扩大城市土地资源的范围来增加土地对城市经济的承载力，这就是说，城市土地对城市经济发展有制约作用。城市土地的这种经济和社会特性，必然要求对城市土地进行有效的规划与管理。

土地本身的特性也要求加强对城市土地的管理。就原始的、自然的土地而言，它是由气候、地貌、岩石、土壤、植被和水文等组成的一个独立的自然综合体。而城市土地要求在原有自然条件下，进行深度开发，如修筑比农村要求高得多的道路，建设较完善的供水、排水系统等，因此，马克思曾把城市土地称之为"建筑地段"。土地对人类的巨大的、不可替代的功能以及土地资源的稀缺和不可移动等特性，决定了城市土地资源较之其他地方更为宝贵。加之，我国人均土地资源较世界平均水平要低很多,城市土地更需要尽可能发挥出使用潜力,城市土地要采取地下、地面和地上空间都充分利用的办法,提高城市土地的利用率,使较少的城市土地发挥较大的使用效益。对城市土地资源进行有效的管理,合理地利用城市土地资源,是维护城市可持续发展的物质基础的基本内容之一。

三、城市土地管理的内容

城市土地管理包括城市土地基础管理、城市土地分级与地价评估、城市土地规划管理、城市土地市场调控等内容。

1. 城市土地基础管理

城市土地基础管理就是对城市土地的调查、登记和统计等,又称地籍管理,它是城市土地管理的基础。土地调查就是以查清土地的数量、质量、分布、利用和权属状况而进行的调查。土地登记是国家用以确认土地的所有权、使用权,依法实行土地权属的申请、审核、登记造册和核发证书的一项法律措施。土地统计是国家对土地的数量、质量、分布、利用、权属状况进行统计调查、汇总、统计分析和提供土地统计资料的制度。

2. 城市土地分级与地价评估

城市土地等级的形成,是客观存在的级差收益在空间上的反映。评定城市土地的等级,是进行土地管理、房地产交易、城市规划等工作的重要条件。就一个城市而言,土地究竟分为几等,取决于城市规模以及土地构成状况。一般说来,城市越大、构成越复杂,则等级可越多;反之,则越少。

城市地价评估的标准和依据是城市土地级差收益测算。城市土地级差收益的测算是按以下一些程序来进行的。首先,按照一定的程序和方法初步划定城市土地等级。土地等级的评定一般由地块划分、影响因素与权重设定、评分计算三大程序组成。其次,在土地等级评定的基础上,进行大量的实例调查,掌握一定样本数的实际资料。再次,按照一定的方案计算出每级土地每平方米的平均利润,再测算出各级之间的级差收益。并且,在测算土地级差收益的过程中,可以对土地等级的最初划分进行不断校正。此外,随着城市社会经济的不断发展,城市土地的级差收益也在不断变化,因此,城市土地级差收益的测算需要隔一定的时间进行一次。

城市土地价格的评估是一项科学性、专业性很强的工作,必须由国家认可的估价师和估价机构来进行;且评估行为和评估过程受到国家法令法规和行业制度的严格限制与监督,从而保证评估结果的独立性、公正性、合理性。在实际使用中,城市土地会有所谓"生熟"之分。"生地"指将要征用或已征用、但未经任何开发的农业用地或其他非建设用地;"熟地"则是指原有的建设用地或已经经过一定标准的开发强度开发的新征用地。同样一块土地,"生"、"熟"不同意味着各自凝结的劳动与投入不同,会造成价格不同。城市土地价格的评估有若干种方法,一般采用收益还原法、市场比较法、成本估算法,此外还有假设开发法、长期趋势法等,不论何种方法,都应在大量实地调查和案例分析的基础上进行。

为了对城市土地交易市场进行调控,限制过低价格的交易导致土地收益的流失,并为各等级、各宗地的地价评估或地产投资进行可行性研究提供测算基础,城市政府应审定和发布本市的基准地价。城市土地的政府基准价,是政府出让土地使用权的宏观控制价格,能够较真实地反映本市地价的现状。

3. 城市土地规划管理

城市土地规划管理是城市规划管理的基本任务。城市土地规划和利用,是牵涉城市生产力布局与城市发展的根本性问题。土地规划和利用的原则应该是节约土地资源、优化土地配置、提高土地效益、促进经济发展。

城市土地规划的重要性,就在于它能科学地预测城市的发展,并合理地分配城市的用地,使城市空间结构达到经济效益、社会效益、环境效益并重,即综合效益最大化的状态。在实际工作中,城市规划部门要注意防止两个极端:一是忽视土地价值规律,片面强调城市空间形态与用地结构中的技术因素;二是过分依赖市场需求,单纯追求土地收益而使城市公众利益与长远利益受损的做法。要解决城市用地结构不合理的现状,主要在于提高城市土地规划和管理水平。

城市土地规划必须注重适度规模,因为城市规模过小,会导致土地利用的不经济;而规模过大,又会产生负效应。因此,必须提高城市土地产出效率,城市经济发展中不可企图以高额土地投入求得经济增长,而是应该依靠科技进步,努力提高城市土地的产出效率,使之达到较高的利用水平。

优化土地配置是提高城市土地使用效率的有力手段之一。在进行城市土地利用布局规划时,应该对各项用地地块进行经济、社会、环境三方面的综合量化评估,用系统工程的理论和方法处理土地分配的最优化问题,并给出城市宏观范围内的地价控制图和土地增值调整图,以指导城市土地开发。

强化集中功能也是实现城市土地集约使用的有效途径。城市经济学的理论表明,外部效益来源于集聚效应,而集聚效应又产生规模效益,三者密不可分。因此,将零碎布局、互相混杂的城市用地,按其功能类别予以调整和集中,使之从无序走向有序,大大减少土地利用系统中的"熵"值,是节地型城市的必由之路。

4. 城市土地市场管理

土地市场是社会主义市场经济体系的一个重要组成部分,对城市土地市场的管理是城市土地管理的重要内容。城市土地市场,是指土地使用权流通的场所,以及体现在这种流通过程中的各种经济关系的总和。

目前,我国城市土地市场一般呈三级市场结构模式:一级市场,由国家以土地所有者身份,通过批租将土地的使用权投放市场运行;二级市场,由获得土地使用权的经营者,直接将土地或通过建设商品房间接将土地投入市场;三级市场,由土地使用者通过房产交易而使土地间接进入市场流通,表现为土地使用者间的横向交易,具有消费性质。其中,一级市场是二级、三级市场的前提和基础,起导向作用,使土地的去向与用途受到城市规划和土地管理部门及其法规的限定。从一级土地市场上获得由国家出让的土地使用权后,土地使用权获得者可以在二级、三级市场上,通过土地使用权的转让、出租和抵押等合法方式,进行土地流转和交易。在这个过程中,城市政府主要通过垄断和控制一级土地市场,来规范和活跃二级、三级市场。城市土地市场管理就是政府运用经济、法律和行政等手段,影响土地的供给与需求,在宏观上对土地市场进行调控与管理,以促进土地市场的正常运行,更有效地配置土地资源。

第五节 城市住宅管理

住宅是城市居民赖以生活的基本物质条件。城市住宅的规划、建设、使用、流通等直接关系到城市居民安居乐业,关系到社会稳定。对城市住宅进行系统、科学的管理,有利于改善居民居住条件,维护社会安定和正常的工作、生活秩序,促进城市经济的发展。

一、城市住宅及其属性

住宅是供人居住的房屋,是能够遮蔽风雨并供人居住、工作、娱乐、储藏物品或进行其他活动的空间场所,是人类赖以生存的基本物质条件,既是生存资料,又是享受资料,还是发展资料。城市住宅在城市居民生活中的重要地位是不言而喻的。

住宅作为一种昂贵耐用的生活必需品,无疑具有自然的、经济的、社会的诸多属性。在这些属性中,表现最突出的是两点:商品属性和福利属性。前者是主导的,反映在住宅经营上;后者是从属的,反映在住宅政策上。一方面,住宅凝结了大量的物力、财力和人力,这是它价值的基础,也是所有商品的共同性;另一方面,住宅也是一种特殊的商品,它是最基本的生活必需品且价值量大,享有适当住房的权利属于基本人权。为此,向所有人提供住房,就成了每个政府的施政纲领之一。这个目标的实现,仅仅依靠市场的力量是远远不够的,这就使得住宅具有了福利属性。

二、城市住宅管理的重要性

住宅问题是城市居民的基本问题。由于住宅是一种延用时间最长的超耐用消费品,居民用于住房的费用往往占家庭开支的很大比重,相当于人均年收入的十几甚至几十倍,因而成为城市居民最为关心、最为焦急的问题之一。各国政府、各城市都非常重视住宅管理,以协调与城市其他建设的关系,促进整个城市的协调、持续发展。

首先,住宅建设管理是城市居民安居的保证。住宅作为人的居所,其历史同人类的历史一样悠久。衣、食、住、行是人类最基本的生存条件。社会发展到今天,城市住宅不仅是人类最基本的生存资料,而且逐步发展成为人们的发展资料和享受资料。随着社会经济的发展、人们生活水平的提高,住宅由于它在人们生活中的重要性和它的功能多样性,在城市居民生活中所占的地位越来越重要,而且也是城市居民财产的重要构成部分。对城市住宅建设进行合理的规划、有效的组织、有力的监督和控制是城市居民都能具有基本居住条件的重要保证。

第二,住宅管理是城市经济管理的重要内容。城市是社会经济集中的地区,也是人口居住集中的地区。"城市不但是种种经济活动的中心,也是居住集中的地区"[1],在城市建筑总面积中,至少有一半以上是住宅面积,住宅是城市中一切建筑的主体,它涉及整个城市的布局。城市的道路交通、市政公用设施、商业服务网点等,都是以住宅为重点进行规划布局的。城市经济的发展可以为住宅发展提供物质条件;而居民住宅问题的解决,又会进一步推动生产的发展。住宅是城市经济的重要组成部分,因此,对城市住宅的管理是城市经济管理的重要内容。

第三,住宅管理是城市化发展的需要。现阶段,我国正处于城市化进程加速

---

[1] [英]K.J.巴顿著:《城市经济学——理论和政策》,商务印书馆1984年版,第139页。

发展时期，城市规模不断扩大，城市人口也持续增加。然而，"房荒"可以说是城市化过程中难以避免的问题，"单是为了给急速增加的城市劳动力提供最低标准居住设施就带来巨大困难"[1]。而且，我国当前的城市化环境与发达国家早期的城市化环境大不相同，对于相当一部分城市居民来说，"今天的需求确实并非仅限于要求更多数量的房屋，而是要求居住环境良好、更便宜和质量更好的房屋"[2]。可以说，西方发达国家城市化各个阶段中出现的住宅问题，在我国当前的城市化进程中都有体现。城市住宅问题在我国尤为突出，城市住宅问题解决得好与坏，不仅直接影响到城市的经济发展和社会稳定，而且也关系到我国整个社会的城市化和现代化发展进程。

三、城市住宅管理的内容

城市住宅管理是指城市政府对城市住宅规划、建设、流通、消费管理所进行的一系列工作。它包括城市住宅规划管理、建设管理、流通管理、消费管理。

1. 城市住宅规划管理

城市住宅规划是城市在一定时期内的住宅发展目标和计划，是城市住宅建设的综合部署，也是城市住宅管理的前提和基础。有了住宅规划，就能及早确定城市住宅发展的方向和城市住宅布局，就能有组织、有秩序地进行住宅建设与管理。城市政府在制定城市住宅发展规划时，必须依据城市的性质、规模和结构，充分考虑城市住宅的自然、经济、社会条件以及技术要求。具体说来，城市住宅发展规划必须符合城市总体规划的要求，符合城市居民的生活规律，要合理、有效地利用城市土地和空间，并充分考虑城市的地方特色。

住宅规划的主要内容包括住宅区规模的确定和城市住宅总体结构规划。住宅区的规模包括人口、用地两个方面，其合理规模的确定，受成套配置住宅区与公共服务设施的服务半径及其经济合理性的直接影响，同时城市干道的合理间距、社区管理、自然地形和城市规模等因素也会对之产生影响。因此，住宅区的规模应符合城市社会的结构、功能、技术、经济和管理等方面的要求。城市住宅总体结构规划主要指：根据城市发展战略在整个城市范围内科学、合理地设计和决定未来一定时期内城市住宅布局，以指导住宅建设与管理；其次，还指各住宅区结构的合理规划，以满足住宅区功能要求，综合解决住宅与公共服务设施、

---

[1] [英]K.J.巴顿著：《城市经济学——理论和政策》，商务印书馆1984年版，第139页。
[2] [英]K.J.巴顿著：《城市经济学——理论和政策》，商务印书馆1984年版，第139~140页。

道路、绿地等关系的组合方式,使它和社会结构一致,从而便于管理。

现代城市的住宅规划布局是城市住宅建设与管理的龙头。搞好城市住宅管理,必须抓好住宅规划制定。在规划上必须坚持节约用地原则,必须在考虑城市总体规划的同时,分析城市经济、人口发展的远景目标,在对土地进行有效使用的基础上,加强对住宅建设密度、容积率、绿化率等的调控,合理布置绿色开阔空间,合理规划安排生活服务设施,完善配套工程,处理好地上与地下的关系,从城市可持续发展的角度科学、合理、适度超前地确定城市住宅可持续发展的弹性框架,制定出城市住宅发展规划。

2. 城市住宅建设管理

住宅建设是城市建设的主要部分,加强住宅建设管理对于贯彻城市住宅发展规划,搞好整个城市的建设管理都具有十分重要的作用。住宅建设管理的主要内容是:规范各类型住宅建筑标准,以及确定相应造价指标,使之在总体上与一定时期城市经济的发展水平相适应;同时,监督住宅建设工程的实施,促其严格执行相应的建筑标准,保证住宅建设的质量,并对住宅建设成本进行审核,以抑制城市住宅价格过度波动,保持城市房地产市场的稳定发展。

3. 城市住宅流通管理

城市住宅流通是连接住宅需求和供给的中介,规范和促进住宅流通是住宅管理的重要环节。在市场经济条件下,房地产开发商开发建成的住宅,要经过流通过程才能进入消费领域,或者说,才能到达消费者手中。住宅流通管理包括住宅的产籍管理、产权管理和交易管理。

城市住宅的产籍管理是产权管理的基础,它是指通过城市房产登记和测绘,将积累的城市房产资料进行整理分析,用特定的簿册加以控制,以及时掌握城市住宅的现状和变动情况。产权管理就是根据不同所有制住宅的性质和类别,制定相应的政策法规和规定,审查、确认和保障城市住宅产权,监督城市住宅产权的合法行使。

城市住宅交易管理是城市政府对城市住宅买卖和租赁的监督管理。住宅由于价值大、使用时间长,其流通同时有租赁或买卖两种方式。交易管理的目的是保护合法交易,取缔非法交易,维护交易双方的正当权益。

4. 城市住宅物业管理

城市住宅的消费管理主要是协调好城市住宅消费与城市经济社会发展的关系,重点是做好城市住宅的维护和物业管理。城市住宅的消费管理模式很多,在我国存在着以下四种模式并存的情况:以房地产管理部门为主,由下属房管所进行管理;企事业单位自管;以街道办事处为主成立管理委员会进行管理;由物业管理企业实行专业化管理。

对城市住宅实行专业化物业管理是今后我国城市住宅消费管理最主要的模式。城市住宅物业管理就是由物业管理企业向住宅产权人和使用人提供综合服务,包括环境卫生、绿化、治安、维修等。物业管理企业由业主选择,实行有偿服务。这种模式可以使居民获得多样且高质量的服务。但是由于物业管理企业会偏重于经济效益,而忽视社会效益和环境效益,因此,要求政府加强对物业管理的监督和指导。

第六节 城市财政管理

城市财政是城市政府活动的代表与核心,城市财政的运行与管理对城市经济乃至国民经济都具有举足轻重的影响。为了最优化地实现城市政府职能,保证城市政府各环节的良好运作,并使城市财政与城市经济发展间形成良性循环,必须加强和改善城市财政管理。

一、城市财政及其职能

财政作为一个经济范畴,是指政府为执行各种社会职能而参与社会产品分配的活动。其实质是政府在占有和支配一定份额的社会产品过程中与各有关方面发生的分配关系,英文称做"公共财政"。财政部门是政府的一个综合性部门,它的收支活动属于政府的经济行为。但财政部门的职能既不是直接提供公共物品,也不是直接生产公共物品,而是为国家公共部门提供公共物品、组织生产提供财力,保证满足社会公众的需要。财政是政府从事资源配置和收入分配的收支活动,通过收支活动调节社会总需求和总供给,并使它们相协调,达到优化资源配置、公平分配以及经济稳定和发展的目标。

城市财政,是城市政府为了满足社会公共需要,在城市范围内利用价值形式对社会产品和国民收入进行分配和再分配的工具。所谓公共需要,是指市场经济体制下市场难以充分提供的公共产品和服务。它一般包括国家向社会提供的安全、秩序、公民基本权利和经济发展的基础条件等方面的产品和服务。

城市财政作为公共财政的一个构成部分,具有公共财政所具有的一般职能,即资源配置、收入分配、稳定经济。[1] 城市财政的资源配置职能是指城市政府通过筹集资金、供应资金的财力分配方式,引导城市域内资源流向,促进城市域内资源在公共领域和私人领域的合理配置,公共物品和公共服务的有效供给,使城市社会福利最大化的作用和功能。在城市经济系统中,城市财政的资源配置职能是城市经济顺利运行的基础,但是这一职能的顺利实现取决于中央与地方的财权划分以及城市政府的聚财与用财能力。城市财政的收入分配职能是城市财政部门通过税收调节城市域内居民的收入水平,通过教育、公共福利等支出手段保障城市低收入阶层居民生活水平,最终达到调节城市居民收入分配水平,缩小收入差别的作用和功能。这一职能的本质是减少和消除分配不公现象,"校正"原有的分配格局,促进公平分配目标的实现。在中国这样的发展中国家,伴随着城市化加速发展而来的城市两极分化日益凸显,加强城市财政的分配功能显得尤为重要。城市财政的稳定经济职能是从属于中央财政的,它指城市政府通过财政收支规模、财政支出结构的调整,配合中央财政逆经济风向而动的财政政策,实现国民经济的稳定发展目标。

二、城市财政收入管理

城市财政管理由城市财政收入管理和支出管理两大部分构成。城市财政收入是整个城市财政分配的前提,是城市政府为行使城市公共管理职能,依据一定的权力原则或生产资料的所有权,从分散在各个微观经济主体的社会产品价值中集中起来的一部分货币收入。在我国,城市财政收入的构成主要有税收收入和非税收入两种形式。

税收是现代城市财政的主要来源,一般占城市全部财政收入的90%左右。税收是政府凭借国家政治权力,依法强制地、无偿地向一些法人和个人取得财政收入的一种形式。与其他财政收入形式相比,税收除了具有强制性、无偿性的特点外,还有固定性的特点。城市税收的设立和实施,不仅是城市财政问题,而且也是城市经济问题,它在直接影响城市政府的财政收入水平的同时,对城市经济也产生较大的影响,使城市经济产生积极或消极的效应。

非税收入主要包括城市公债收入和城市公共服务收费。城市公债收入指城市政府依据借贷原则,从社会吸收资金来满足城市公共支出需要的一种收入形式。目前,我国城市公债发行权在中央,城市的债务收入所占比重很小,随着

---

[1] 参见王晶编著:《城市财政管理》,经济科学出版社2002年版,第48页。

改革的深入,今后应有广阔的发展前景。城市公共服务收费指城市政府以政府权力为基础,向市民提供行政性、事业性、服务性公共物品,并以此为依据向服务对象或使用者收取的一定费用。这部分收费占城市财政收入的比重不大,但它能有效调节城市中一些重要的权利与利益关系。

三、城市财政支出管理

城市财政支出是城市财政活动也是城市政府活动的一个重要方面。由于城市财政负有实现城市政府职能的重大使命,其支出即财政资金的运用也必须遵循一定的原则。

(1) 量入为出,量财行事。在一般情况下,城市政府应当坚持收支平衡、减少赤字的原则。所谓赤字,是指城市财政支出大于收入的差额。当然,从长远和整体考虑,为了促进城市经济社会的发展,在必要的条件下,可以允许一定时期内出现一定量的赤字。但是,总的原则是长期内城市财政收支要保持基本平衡。

(2) 坚持计划,讲求效益。财政支出应尽量根据预算执行,对一些大的建设项目尤其要作深入细致的可行性研究、财务分析和多方案比较,力求"少花钱、多办事、办好事",力求经济效益与社会效益并重,使有限的财力实实在在地服务于城市建设与经济发展。

(3) 取之于民,用之于城。城市财政资金主要来自于城市居民,其大部分应该用于城市建设与维护,加强城市基础设施,改善生态环境,优化投资环境,使城市居民工作和生活环境得以美化。

城市财政支出是将城市财政收入按财政预算计划进行分配的过程,它包括以下几个主要方面:

(1) 城市基础设施支出。它指用于城市基础设施等方面的建设和维护费用。由于城市规模、人口集中而产生的对基础设施和服务的需求是提升聚集效益最重要的物质基础,特别是当产业和人口集中到一定程度时,城市能否实现可持续发展,在很大程度上取决于城市发展所要求的基础设施和公共服务的供给状况。因而,充足的城市基础设施支出,是城市经济发展和城市走向现代化的重要保证。

(2) 城市科学技术支出。它是指财政支出中用于科技活动的经费。无论是在传统经济中,还是在信息化时代,科学技术都是一个城市持续发展的原动力。现代中心城市的一个重要功能就是科学技术和信息中心的功能,离开科技创新能力,一个城市就会在竞争中失去原有的重要地位,甚至失去在技术转化和更新中的承接机会和能力。财政投入，是加强科技项目建设，推进城市科技发展的主要手段。

(3) 城市教育支出。它是用于投资教育、培养人才的财政支出部分。教育是城市发展的基础环境和共同需要。教育对城市发展的意义是非常广泛的，它不仅为城市生产提供大量的专业人才，使城市始终有能力迎接技术进步带来的挑战，而且教育水平的提高还是城市文明程度提高的基础，这又会促进城市经济的发展。在我国，财政教育支出覆盖了所有教育领域，而城市是各类教育的集中地，城市财政必然成为教育支出的主要力量。城市财政教育支出规模的大小和管理能力的高低，直接影响到我国教育事业的发展。

(4) 社会福利和社会保障支出。它是指用于维持或提高城市居民基本福利和基本生活保障的财政支出部分。在市场经济条件下，社会福利和社会保障是保证社会稳定的安全网，为社会提供一个安定的气氛；同时，也具有经济调节功能，即通过收入分配的方式，使社会财富在不同阶层的社会成员之间重新配置，以平衡各自的可支配收入。为了使城市社会保持公平和稳定，城市财政必须通过其强大的收入再分配功能，对弱势群体提供救济，以保障居民有一定的收入，达到提升社会福利水平、防御灾害、公平性调节分配以及抑制经济周期性波动的目的。

第七章 城市环境管理

环境问题是现代城市的主要问题。城市环境管理是城市管理的重要内容,它通常包括城市环境的综合治理和城市环境的建设与日常管理,其目的是通过有效的管理,规范人群的生态行为,正确处理城市发展与生态环境的关系,促进城市实现可持续发展,把城市建成人与自然高度和谐的现代化人类栖居地。城市环境管理是城市可持续发展战略的重要组成部分。

第一节 城市环境问题与环境管理的内容

一、城市环境问题与城市环境管理概述

城市环境是指影响城市居民生活和生产活动的各种自然的和人工的外部条件,包括自然环境和人工环境。狭义的城市环境主要指自然环境,亦即生态环境,是指对城市居民的生产、生活能够产生直接和间接影响的一切自然物的总体,它是人类赖以生存和发展不可或缺的条件,如空气、水源、土壤以及各种资源等。广义的城市环境除了自然环境外还包括人工环境。人工环境是指人类为了改善自身的生存状态,提高物质文化生活水平,对自然因素进行改造所形成的环境,主要包括社会环境(人口分布及动态、服务设施、娱乐设施、社会生活等)、经济环境(资源、市场条件、就业、收入水平、经济基础、技术条件等)以及景观环境(风景、风貌、建筑特色、文物古迹等)。城市自然环境是构成城市环境的基础,它为城市这一物质实体提供了一定的空间区域,是城市赖以存在的地域条件;城市人工环境是实现城市各种功能所必需的物质基础设施。没有城市人工环境,城市与其他人类聚居区域或聚居形式的差别将无法显现,城市本身的运行也将受到抑制。

现代城市的环境不是封闭的,而是一个与市郊及有关区域紧密相连的开放系统,它不仅涉及城市的自然生态系统,如空气、水体、土地、绿化带、能源及其他矿产资源,而且也涉及城市的人工环境系统、经济发展系统和社会活动系统,实际上是一个以人的生存为主导、以自然环境为依托、以资源流动为命脉、以社会体制为经络的"社会—经济—自然"的复合系统。在这个生态系统中,人工生态环境的组成成分,通过生命代谢作用、投入产出链、生产消费链进行物质交换、能量流动、信息传递而发生相互作用、相互制约。一方面要从系统外部输入所需的大量物质和能源来维持,另一方面也要向系统外部输出产品和文明,进而构成具有一定结构和功能的有机联系的整体,它是城市居民与其环境相互作用形成的复杂的网络结构。城市系统的特点决定其构成和运转,不可能是完全自发的自然历史过程,而必须依靠人工的调控与管理。但是由于城市的人工环境本身就是人类对自然因素加以改造的结果,这使得城市自然环境与人工环境之间呈现一种辩证关系。当人们尊重生产力发展水平、自然规律和城市自身发展规律来影响和改造自然时,人类与环境就能协调发展、相互促进,实现城市生态系统中各因素的良性互动,保持生态平衡。否则,两者就会发生矛盾和冲突,导致城市环境问题的出现。

在正常的情况下,生态系统是均衡分布而又循环演进的。在人类社会的初始阶段,由于人们从事的农牧业生产规模比较狭小,生产活动比较简单,对环境的影响不大;而当今城市生态状况恶化成为一个大范围的环境问题,并且发展成为一种危害人类生存和经济增长的社会公害,是随着产业革命的发生才逐步显露出来的。大工业的产生和发展,既促进了工商业和科学技术的发展,推动了人类社会的进步和人们生活水平的提高,也因资源的不合理利用和浪费而造成了社会经济与生态环境的失调发展,并且日益严重。城市发展的历史告诉我们,城市既是人类作用于自然环境最深刻、最集中的典型区域,又是人类社会中自然环境被污染得最严重、最明显的主要区域。[1] 当代社会,伴随着城市化进程的快速推进,城市环境问题也愈加严重。

当代城市的环境问题,在发展中国家里大体可分为两类,即城市环境污染和城市系统的拥挤。其中,城市环境污染是城市环境问题的最主要的表现形式,它特指由于城市中人类活动所产生的大量有害物质对城市生态环境的破坏,严重影响了城市环境的机能,超出了城市环境系统的自我净化能力,从而使城市的生

---

[1] 叶南客、李芸:《战略与目标——城市管理系统与操作新论》,东南大学出版社 2000 年版,第 290 页。

态系统遭到扰乱和破坏。城市污染主要包括大气污染、水污染、固体废物污染和噪声污染等各种污染以及因滥用水资源、土地资源等导致的自然支持系统的退化。由城市环境污染所引发的各种问题称为城市环境问题。

日益严重的城市环境问题要求人类在追求城市发展的同时，高度重视城市环境的保护和管理。所谓城市环境管理，是指城市政府依据生态学原理，顺应经济规律和生态规律的要求，运用政策、法律、经济、行政、教育及大众传媒等手段，通过全面系统的规划，对城市生态环境进行调节和控制，限制或禁止损害环境质量的行为，使城市的经济、社会活动与城市环境协调发展的管理活动。城市环境管理的实质，是对人类的活动施加影响，使人类对环境资源进行合理的利用，以达到既使人类的一切基本需要得到满足，又不超过生态系统的容纳极限的目的。遵循生态规律和经济规律，正确处理城市发展与生态环境的关系，促进城市实现可持续发展，是城市环境管理的核心问题。[1]

二、城市环境管理的原则

借鉴西方各国和我国的城市环境管理制度，诸如环境影响评价制度、环境保护许可证制度、排污收费制度和经济刺激制度等，我们可以归纳出城市环境管理的几项原则。城市环境管理的原则是城市环境管理的理论基础，是城市环境管理各项政策的依据。

城市环境管理的主要原则是：

1. 环境保护与经济建设协调发展。这是城市环境管理的核心内容和主导原则。坚持环境保护与经济的协调发展，我们必须坚持把城市环境保护纳入城市经济社会发展规划中，努力形成环境保护与经济发展的良性循环，实现城市经济效益、社会生活效益与生态环境效益的相生相长目标。我们一方面要反对以保护环境为由不发展经济，要使经济发展为环境保护提供充足的财力和物力；另一方面也要反对以牺牲环境为代价来发展经济，促使环保产业成为经济发展中的重要产业。

2. 依法推进。要以法律的形式确定城市中不同活动主体在环境保护方面的责任和义务、环境管理机构的权力权责以及其他更为细化的关于环境保护的相关问题，使城市环境管理依靠法律的强制力得到保障。

3. 以防为主，防治结合，综合治理。对环境污染，我们应该变消极的应付为

---

[1] 王佃利等主编：《现代市政学》，中国人民大学出版社2004年版，第180页。

主动的防治,把预防放在首位,尽量避免新的城市环境问题的产生或者至少把环境污染或生态破坏控制在维持城市生态平衡及公众健康的限度之内,防患于未然。但同时也要注意做到防治结合,综合治理,以使现有污染得到有效的控制而避免更为严重的后果。

4. 全面规划,合理布局。城市环境管理要有全面合理的规划,要从环境预测、城市环境区划、环境保护目标以及加强城市环境保护步骤、措施等方面制定有良好操作性的政策。城市环境管理的规划应与城市自身的经济社会发展计划建立良性的互动关系,新项目的建设和城市改造都应以环境影响评价作为重要的参考指标,对现有的不合理布局进行调整,进而避免或减少对区域环境的污染和破坏。

三、城市环境管理的内容

城市环境管理通常包括城市环境综合治理,即城市环境污染的综合整治和城市环境的建设管理与日常管理。

城市环境综合治理主要由城市政府的环境保护部门依照国家的环境保护法进行,包括城市水污染的综合整治、城市大气污染的综合整治、城市固体废物的防治与综合利用。城市环境的综合治理必须坚持防治结合;如果不防,新的污染源就会不断产生,而且有的环境因素一旦遭到破坏将难以恢复;如果不治,则现有污染得不到有效控制,反而会产生更严重的后果。城市环境综合治理还要坚持"谁污染谁治理,谁开发谁保护"的原则,这一原则明确了治理污染的主体及其责任,有利于促使企业增强治理污染的责任感,有利于把环境管理全面纳入企业经营管理和生产管理之中,起到消除和减轻环境污染的作用。

城市环境的建设管理和环境日常管理包括城市园林绿化管理、城市市容管理和城市环境卫生管理。园林绿化管理是对城市的各种绿地、林地、公园以及风景游览区和苗圃等的建设、养护和管理,意在保护和美化城市环境。市容管理是对城市的建筑外貌、景观灯光、户外广告设置和生产运输的整洁等进行管理,是城市的外观形象工程。城市环境卫生管理是对城市公共场所、道路、各单位的卫生状况进行管理,目的是为城市的生产和生活创造出一个整洁、文明的环境。

第二节 城市市容管理

一、城市市容和市容管理的含义

城市是人类改造自然最彻底的地方,在城市的建设过程中,自然景观逐渐被人工景观所代替,这就是市容的出现。一部城市建设发展史,就其外观而言,就是城市面貌不断推陈出新的历史。这也是生产的提高、经济的发展与人对居住环境的美好向往和追求的两方面动力综合作用的结果。

市容,简单地说,就是城市的环境,城市的形象,城市的面貌,也就是指人们赖以生活的城市建成区范围内各种物质实体和社会因素,它包括城市的道路、建筑物、公共设施、园林绿地、环境卫生、广告设置、各种标志、贸易市场、公共场所等九大方面,涉及的内容非常丰富。作为城市物质环境和社会环境的总体表现,城市市容也是一个城市的经济发展水平、城市管理水平、文化教育水平及社会公德水平高低的综合反映,直接反映着城市景观和环境质量,是城市管理成效的最直接标志,同时也和城市生产、生活与人民群众的身心健康密切相关。

与市容相关联,市容管理的涉及面也很广,但有广义和狭义之分。广义的市容管理包括城市建筑物管理、城市道路管理、公共设施管理、园林绿化管理、公共场所管理、各种贸易市场管理、环境卫生管理、广告及标志管理等。这里讨论的市容管理属于狭义的范畴,是指城市政府的有关部门对城市的建筑外貌、景观灯光、户外广告设置和生产运输的整洁等依法进行管理的活动。

二、市容管理的重要性

作为一个城市的形象工程,市容管理在城市建设与管理中居重要地位。具体说来有以下几个方面:

1. 市容管理是城市管理的基础管理。市容管理涉及面广、工作量大,它是城市管理的"面子"工程,它对其他方面的管理有着直接的促进作用和制约作用。城市市容管理的好坏,直接反映了城市政府管理水平的高低,直接反映了城市精神文明建设的成效。

2. 城市市容是城市文明程度的重要标志。市容首先是城市物质文明的外在表现,是城市整个生产和生活组成的物质结构的艺术形式,二者是内容和形式的关系;其次,市容是城市精神文明的重要表现形式,是城市居民的文化教养水平的象征,深刻地反映出城市的道德风尚和精神风貌。

3. 城市市容管理是维护城市形象和为市民提供良好生活环境的需要。人类在城市中进行的各种活动,城市中其他经济主体片面追求经济利益的活动以及城市户外建筑因时间过长所形成的损耗,都不可避免地对城市的外观造成一定的负面影响。这种对城市外观的破坏如果不能予以制止或加以恢复,则必然影响城市的形象和市民的生活环境。

4. 城市市容管理是解决城市环境问题的重要前提,是城市建设的组成部分。城市环境问题在一定程度上也是由于城市市容管理的落后造成的。城市政府在编制城市规划、进行城市建设的过程中,应充分考虑到市容市貌对居民生活环境和城市后续发展的影响,把城市市容建设作为一项重要的工作来抓,纳入城市规划和建设计划,进行统筹安排。

三、市容管理的内容

在这里,城市市容管理的内容主要包括户外广告发布、店招店牌设置、建筑渣土管理、城市"牛皮癣"即乱涂乱贴等方面的管理。随着城市的发展,特别是城市管理工作的不断探索、实践,我国目前城市的市容市貌已经形成了一个比较科学的管理体系,国务院制定的《城市市容和环境卫生管理条例》(1992年)和原国家城乡建设环境保护部制定的《城市容貌标准》(1986年)等法规、规章在以下十个方面作了明确规定。

第一,建筑物、构筑物的容貌应当符合下列规定:建筑物、构筑物外立面应当保持整洁,并按照国家以及省城市容貌标准和城市环境卫生质量标准的规定定期清洗、粉刷;建筑物、构筑物应当与周围景观相协调,不得擅自改变建筑物原设计风貌、色调;主要街道两侧和重点地区的临街建筑物的屋顶、阳台外和窗外不得吊挂、晾晒或者堆放影响市容的物品,平台、阳台内堆放的物品不得超出护栏的高度;主要街道两侧和重点地区的临街建筑物外立面上安装窗栏、空调外机、遮阳棚,应当统一规范并保持其安全、整洁。空调外机与地面距离不得小于2米。

第二,对主要街道两侧和重点地区的临街建筑物、构筑物进行装修或者改建的,应当符合城市容貌标准。主要街道两侧的建筑物需要与街道分界的,应当选用透景、半透景的围墙、栅栏或者绿篱、花坛、水池、草坪等隔离,并保持整洁、美观。出现损毁、污染的,应当及时修复、清理。

第三,道路及其附属设施的容貌应当符合以下规定:道路平整,路牙以及无障碍设施完好;立交桥、人行过街桥、人行地下过街通道整洁、完好;道路和桥梁上设置的隔离墩、防护栏、防护墙、隔音板和照明、排水等设施整洁、完好;在道路、广场以及其他公共场地设置的交通、电信、邮政、电力、环境卫生、消防、供水、燃气等各类设施符合有关规定,并保持整洁。

第四,任何单位和个人不得擅自在街道两侧和公共场地堆放物料,搭建建筑物、构筑物或者其他设施。因建设等特殊需要,在街道两侧和公共场地临时堆放物料、搭建临时设施的,应当征得市容管理部门同意,并按照国家有关规定办理审批手续。禁止在道路以及其他公共场地的护栏、电线杆、树木、绿篱等处晾晒衣物或者吊挂物品。任何单位和个人不得擅自挖掘道路。经批准挖掘道路进行施工,应当按照规定的时间和要求施工,不得擅自延长工期,竣工后应当及时清理现场、恢复原状。

第五,任何单位和个人不得擅自占用道路、人行过街桥、人行地下过街通道、地铁通道以及其他公共场地摆摊设点。经批准临时占用道路以及其他公共场地摆摊经营的,应当保持周围城市市容环境卫生、整洁。沿街和广场周边的商业、饮食业,以及制作、加工、车辆清洗、维修等行业的经营者不得超出门、窗进行店外占道经营、作业,或者展示商品。

第六,在城市行驶的机动车应当保持车身整洁和外观良好,不得抛撒废弃物。车身不整洁或者破损的,应当及时清洗、维修。机动车、非机动车应当按照规定停放,排列整齐。

第七,户外广告应当统一规划,按照规定的要求和期限设置。户外广告设施应当保持安全、整洁、完好。机关、团体、部队、企业事业单位以及个体工商户的名称、字号、标志等标牌和标识的设置,应当符合城市容貌标准。

第八,在户外利用条幅、旗帜、充气装置、实物造型等载体设置标语、宣传品的,应当在规定的地点设置,并保持整洁、美观。发生损毁、污染的,应当及时更换,到期应当及时清除。

第九,市容管理部门应当按照规划设置公共信息栏,供市民发布信息,并负责日常管理和保洁。任何单位和个人不得在树木、地面、建筑物、构筑物或者其他设施上刻画、涂写、张贴。

第十,在建筑物、构筑物、广告设施以及道路、广场、绿地等处设置夜景照明设施的,应当符合夜景照明规划。夜景照明设施的设置单位或者管理单位应当加强照明设施的维护管理,保持整洁、完好,并按照规定开闭。

四、市容管理存在的问题及其解决

长期以来,市容管理一直是我国城市管理中的一大难题。在市容管理实践中,难度最大、最有反复性和普遍性的问题主要有:(1)环境卫生管理水平低和卫生质量差。(2)市容秩序混乱,导致运行效率低。屡禁不止的乱贴乱画、屡罚不绝的乱摆摊点、屡教不改的占道维修、屡惩不断的乱停乱放,始终成为城市市容管理工作中任务最重、管理成效最差的"老大难"问题,并且直接导致城市运行效率低下,严重影响着城市的整体形象。(3)容貌陈旧,城市形象差。由于对市容建设与管理的投入小,城市容貌变化跟不上时代发展。广告亮化设施建设滞后,绿化率较低,广告牌、店面招牌设置简单、粗劣,与城市建设的目标要求极不相称,严重影响了城市容貌的繁荣和亮丽。

导致上述这些问题的原因主要有:(1)基础设施建设严重滞后。硬件设施不健全是市容管理难的根本原因。在积极推进城市化和城市现代化过程中,大幅度扩张经济总量、加快扩张城市规模与循序渐进完善城市功能一直处在矛盾之中。城市建设的负债经营虽然可以迅速扩张经济总量和城市规模,但也给市容管理带来了明显的负面效应。许多城市在追求确定的经济目标时,往往难以顾及城市建设的质量,致使城市道路、绿化、环境卫生设施配套严重滞后,跟不上城市发展的步伐。目前反映较突出的车辆乱停放、摊点乱摆设、垃圾乱倒等问题,主要原因是因为基础设施落后于人民生活和市容管理的迫切需要。车辆占道停放,居民垃圾大都倒在街道或巷道拐角,客观上增加了管理的难度,也影响了管理的质量。(2)市容管理的管理体制落后。许多城市由于城市市容和环境卫生管理体制未理顺、条块关系不协调、法制不健全等原因,市容管理难以形成合力,难以形成共同负责、共同参与管理的制约机制。集中体现在建设和管理脱节,管理和服务没有与建设相衔接,缺乏及时有效的跟进服务;管理与处罚脱节,造成以罚代管,重罚款、轻管理,只收费、不服务;协调和监督与管理脱节,综合部门缺乏强有力的带动作用,对管理中存在的问题协调不灵、监督乏力。(3)城市经济运行质量不高。由于现阶段大部分中小城市经济发展水平不高,加之随着城市化的迅速推进,城乡大量剩余劳动力流向市场。这部分人在没有找到固定工作时,往往在街头上以各种加工、维修、开小餐馆和客运、做小生意、摆摊点等低层次的生产方式谋生,而成了培育城市市容违规违章现象的"温床"。(4)市民的文明素质偏低。城市化和城市现代化要求市民必须具有良好的社会公德意识、卫生意识、环境意识。改革开放后,农村剩余劳动力大量涌向城里定居,这部分人群多以追逐个人经济利益为根本出发点,当加强市容管理与个人的私利出现矛盾时,城市文明往往便被抛在一边,各种旧有观念和不良习惯也就自觉不自觉地带进了城市空间。加上市民的公共道德意识和公共责任意识很淡薄,认为城市管理是政府的事,维护市容环境不是自己的责任,长期养成的陋习在城市化过程中一时也难以扭转。

从宏观的角度看,搞好城市市容管理应采取以下措施:

(1) 抓基础设施建设,改善市容管理条件。市容环境要达到标本兼治,必须创造必要的硬性条件,做到"堵""疏"结合。在基础设施建设中,必须突出重点,着重优先解决与人民生活密切相关的基础设施的改造和建设,缓解市容管理中的突出矛盾。

(2) 参照标准制定科学的规划。从管理科学的角度讲,市容管理也应作为一项系统工程上升到理性的高度。我们必须深入研究城市建设发展的整体布局,参照《城市容貌标准》和《全国卫生城市检查标准》等规范性文件,结合各地的实际情况制定切实可行的管理目标,结合城市规划、建设的目标,将市容管理中一些科学的、长远的设想纳入整体规划目标。市容规划应该包括:优化的城市道路结构、良好的垃圾处理设施、科学合理的市场体系、美化的城市空间景观、完善的公益服务设施等。通过实施规划来保证城市基础设施的完整性、协调性,从源头上避免市容管理中常常遇到的"先污染后治理"现象的发生。

(3) 依法推进。依法治市是城市管理的方向。只有走法制化的道路,市容管理才能跟上城市快速发展的步伐。在实际工作中,一是要加大宣传教育的力度。通过各种方式,广泛宣传市容管理的规章、规定,使人们在知法懂法的基础上做到自觉守法;二是要强化执法力度。通过制定严格的管理制度,对违规违章行为进行约束,做到管有依据、罚有力度、惩有程序。尤其对一些重点难点问题,更要依照有关的法律法规,从严从速处理,以起到警戒作用。

(4) 追求长效管理。市容管理涉及城市生活的方方面面,与城市居民的各种行为有着密不可分的联系,因此必须采取立体化的管理。第一,要对城区空间进行全方位管理。对沿街店面、路面、桥面、建筑物立面等进行全方位管理,制止乱设广告、乱贴乱画、乱停乱放、乱摆摊点等行为的发生。第二,在时间上要实行全程管理。把握住阶段性、及时性、经常性三个环节,进行不间断的管理,避免在市容管理中在时间上的空档,使市容始终处于严格的监管之下,尤其是对一些重点、易发地段必须在时间上保持连贯性。第三,实行规范的长效管理。根据市容管理中动态性强的特点,在城区的主次干道两侧、窗口地段和公共场所实行严格的定人、定时、定岗、定责的"四定"管理,随时处置一些违规违法行为,促进人们逐步达到自觉维护正常市容秩序的目的。

(5) 坚持"以人为本"的指导思想,提倡全员参与。实践证明,市容管理靠少数人不行,靠少数部门也不行,必须牢固确立全员参与的管理思想。首先,抓宣传教育,提高市民公德意识。思想上没有理性的认识,实践中便没有自觉的行动。必须贯彻人民城市人民建、人民城市人民管的指导思想,广泛深入地开展多渠道、多形式的宣传教育。必须进一步宣传市容管理的法律、法规,规范市民的行为,让更多的人关心和参与市容管理,依靠宣传教育加以动员,形成全社会齐抓共管的生动局面。其次,理顺条块关系,明确管理责任。通过理顺部门与部门之间的管理关系,理顺条条与块块之间的管理关系,明确界定管理责任,促进大家都来参与市容管理,形成管理的合力。最后,建立社会监督约束机制。通过新闻媒体的广泛宣传,褒扬文明行为,曝光不文明行为,逐步形成具有良好社会舆论压力的氛围,使人们自觉遵守规章规定,维护城市容貌。

(6) 坚持综合管理与专业管理相结合。现代城市具有集约性、开放性的特点,人口多、部门多、机构多、单位多,条块分割的局面仍然存在。仅仅靠政府的市容管理部门来管理城市市容,难度很大,需要各个部门协同配合。例如,对绿化的管理,需要园林管理部门、建筑管理部门、交通管理部门、文化教育管理部门、环境卫生管理部门、公安部门、社区等共同努力。

第三节 城市环境卫生管理

一、城市环境卫生管理的重要性

城市环境卫生工作主要包括城市道路的清扫、垃圾的收集和运输、粪便的清运、生活废弃物的处理等。城市环境卫生管理,是指城市政府的有关部门依法对城市公共场所、道路、各个单位的卫生状况进行管理,为城市的生产和生活创造出一个整洁、文明的环境。

城市环境卫生管理是城市形象建设的关键环节,它对城市的生存和发展起着非常重要的作用。第一,城市环境卫生维护着城市居民的身体健康。人口的高度集中性和流动性,使城市每天产生大量的生活垃圾和其他废弃物,需要城市环境卫生管理工作与之相适应,以防止细菌和疾病的蔓延。第二,城市环境卫生保障着经济建设的正常运行。城市中各行各业产生的大量生产垃圾如果得不到及时清理,会影响经济建设的正常进行。第三,城市环境卫生管理维护着城市的整洁面貌,有利于城市的对外交往和旅游业的发展。第四,城市环境卫生管理是城市精神文明建设的组成部分,陶冶和展示着一个城市市民的高尚情操。

二、城市环境卫生管理的内容

根据国务院《城市市容和环境卫生管理条例》的规定,我国城市政府的环境卫生管理有其特定的内容,主要有:城市环境卫生管理规划的制定和实施、城市环境卫生设施管理、城市环境卫生专业单位的管理、城市环境卫生监督管理。

城市环境卫生管理规划的制定和实施,由城市环境卫生的行政主管部门承担。政府主管部门制定的城市环境卫生事业发展规划,要纳入城市规划、城市经济和社会发展计划中综合考虑。

城市环境卫生设施管理,包括:在新区开发、旧城改造和建筑物、公共场所建设时,城市政府应当按照国家有关规定标准和城市环境卫生设施建设专业规划的要求,配套建设生活废弃物的清扫、收集、运输和处理等城市环境卫生设施,所需经费纳入建设工程概算;维护好环境卫生设施,防止有单位或个人损坏和盗窃环境卫生公共设施;监督带有经营性公共场所性质的单位,自行设置环境卫生公共设施,政府环境卫生管理部门要参与这类设施的规划、设计审核和竣工验收。

城市环境卫生作业单位管理,是指环境卫生管理部门要管理好各个环境卫生作业单位。国家规定:城市环境卫生必须设立卫生区划制度,以保证城市环境卫生清扫保洁质量能达到国家规定的标准。城市主要道路(含主干道、支次干道的车行道和人行道)、广场和公共水域的环境卫生由城市环境卫生专业作业单位负责或组织管理,其中临街单位、商业门店负责其门前人行道的清扫保洁;居住区、背街小巷、边坡等地方的环境卫生,由街道办事处负责组织清扫保洁;实行物业管理的居住区,由物业管理单位负责清扫保洁;飞机场、火车站、公共汽车站、港口、影剧院、博物馆、展览馆、纪念馆、体育馆(场)、停车楼(场)、建筑物和公园等公共场所,由本单位负责清扫保洁。

城市环境卫生监督管理是指城市环境卫生管理部门指导和监督各单位遵守环境卫生管理法规,履行环境卫生义务,环境卫生部门的环境卫生监察队伍监督、检查各单位责任范围内的环境卫生,有权对违反环卫法规的行为予以处罚。当然,当事人对行政处罚不服的,可以依法申请行政复议或者提起行政诉讼。城市环境卫生管理部门的工作人员玩忽职守、滥用职权、徇私舞弊的,由所在单位或者上级主管机关给予行政处分;构成犯罪的,依法追究刑事责任。

在城市环境卫生管理中,街道的清扫、垃圾的清除是最核心的内容。垃圾成堆是城市"脏、乱、差"的具体表现。目前,世界上许多国家城市环境卫生管理所面临的最大问题就是城市垃圾的处理问题,在我国这个问题也非常突出,有相当一批城市处在垃圾的包围之中。要拥有清洁优美的城市环境,必须实现垃圾的减量化、无害化和资源化,实现城市垃圾的综合整治。

第四节 城市园林绿化管理

城市园林绿化管理是城市环境管理不可分割的一项内容,它不仅可以美化城市环境,给市民创造舒适的休憩场所,而且还能给城市提供大量的氧气,为市民共享。只有强化城市园林绿化的管理,生物多样性才能呈现,生态城市的持续发展才能得到保证。所以,城市园林绿化的管理成为城市形象的代表、文明的象征。

一、城市园林绿化管理的意义

城市园林绿化是一个总体概念,园林是其主要形式,而绿化则是其主要内容。

园林是在一定的地域运用工程技术和艺术手段,通过改造地形、种植树木花草、营造建筑和布置园路等途径创作而成的美的自然环境和休憩境域。绿化通常是指种植花草树木等植物以达到净化空气、美化环境的目的。城市绿化包括全民义务植树、街道绿化、单位居住区绿化等。这里所说的城市园林绿化,是以城市为对象的园林与绿化的完美统一,是一种以空间实体为载体,以绿化为主体,又结合文化艺术的综合性的城市生态工程,它包括公园、动物园、植物园,以及街道、居住区、工矿企业、机关等绿色环境的创造。

城市园林绿化是全社会的一项环境建设工程,它不仅是保护、改善、美化城市环境的重要措施,而且还具有明显的社会效益、环境效益和经济效益。

城市园林绿化有其社会效益。城市中存在大量的硬质楼房,形成轮廓挺直的建筑群体,而园林绿化则为柔和的轻质景观,两者配合得当,既衬托了建筑,增强了城市艺术效果,又能丰富城市建筑群体的轮廓线,还能形成优美的城市轮廓骨架,起到美化城市的作用。同时,城市园林绿地又是开展多种形式的活动,向群众进行文化宣传、科普教育的场所,使游人在游玩中受到教育,增长知识,提高文化素养,陶冶情操,促进社会主义精神文明建设。最后,城市园林绿化能起到防止水土流失的作用,同时,它还是地震、火灾的避难所,具有保护城市人民生命财产安全的作用。

城市园林绿化有其环境效益。城市园林绿化可以使城市有足够的园林植物进行光合作用,吸收大量的二氧化碳,放出大量的氧气,从而改善环境,促进城市生态良性循环,所以被人们称之为"城市的肺脏"。园林绿化中的树木在夏季能为树下游人遮挡直射阳光,并通过本身的蒸腾和光合作用消耗许多能量,调节温度。同时,园林植物通过叶片蒸发大量水分,调节空气湿度,大大改善了城市小气候。园林绿化中绿色的园林植物被称为"绿色的过滤器",可以吸收大气中的粉尘、二氧化硫、氯气和二氧化碳等有害气体,以净化空气。园林绿地上的植物覆盖可以减少黏附其上的病原菌,而且许多园林植物可以分泌一种杀菌素,具有杀菌的作用。同时,园林绿化还可以净化水质、净化土壤,还能促进城市通风,又能减少风害,降低噪音,对改善城市环境、维护城市生态平衡都能起巨大的作用。

城市园林绿化的经济效益,包括直接经济效益和间接经济效益。前者指园林绿化产品、门票、服务的直接经济收入;后者指园林绿化所形成的良性生态环境效益和社会效益。

城市园林绿化的效益是综合的、广泛的、长期的、人们可以共享和无可替代的。城市园林绿化建立在整个城市中,是一个绿色的生态系统,可以发挥良性生态环境的效益,向城市居民提供生产、工作、生活、学习环境需要的使用价值。由于园林绿化渗透到各行各业、各个生产生活和工作领域,其优美的环境可以促进经济的发展,有利于人民的健康,为改革开放服务,为生产、生活服务,为整个社会发展服务,具有全社会的广泛的价值。

二、城市园林绿化管理的内容

城市园林绿化管理是巩固和提高城市绿化美化成果的重要手段,其主要内容有:

1. 园林绿化的规划管理。城市政府应当把城市绿化建设纳入城市发展规划,编制好城市绿化规划。城市绿化规划应当根据当地特点,合理设置公共绿地、居住区绿地、防护绿地、生产绿地和风景林地等。城市绿化规划的内容包括绿地系统布局、绿地指标和定额、各类绿地规划、树种规划、绿地近期建设规划、绿地规划的实施措施等。

2. 园林绿化的建设管理。城市政府应当多方筹集资金组织建设公共绿地、防护绿地、生产绿地和风景林地，要督促各建设单位在城市扩建、改建中确保绿地的配套建设。

3. 园林绿化的保护和日常管理。城市政府要明确各部门、各单位在城市园林绿化保护和日常管理中的责任。城市的公共绿地、风景绿地、防护绿地、行道树及干道绿化带的绿化，由城市政府的绿化管理部门负责管理和保养；各单位管理界内的防护绿地的绿化，由该单位按照国家有关规定管理和保护；单位自建的公园和单位附属绿地的绿化，由该单位管理；居住区绿地的绿化，由居住区管理机构如物业管理企业负责管理和保护；城市苗圃、草圃和花圃等生产绿地，由其经营单位管理。任何单位和个人都不得损坏城市花草和绿化设施。损坏城市花草树木的，擅自修剪或者砍伐城市树木的，砍伐、擅自迁移古树名木或者养护不善使古树名木受到损伤或者死亡的，损坏城市绿化设施的，由城市政府绿化管理部门责令其停止侵害。造成园林绿化损失的，有关单位和个人要承担赔偿责任；构成犯罪的，要依法追究刑事责任。

第八章 城市社会管理

城市社会管理是城市政府及其他公共管理主体对城市社会领域和社会事务的共同管理,它包括人口、公共安全、社会福利和社会保障、文化教育、医疗卫生等内容。城市社会管理的核心目标是促进城市经济与社会的协调发展,建立一种安全、稳定、和谐的社会秩序,为城市居民营造可以安居乐业的社会环境。

第一节 城市社会管理概述

改革开放以来,我国城市的经济、社会和基础设施建设快速发展,同时,也面临着城市快速发展与现有管理模式之间的矛盾,居民对生活质量、生活环境改善的要求与现有社会管理水平之间的矛盾,这些矛盾影响了城市文明和现代化进程。建设一个市民安居乐业、文明程度高的现代化城市,实现经济可持续发展和构建和谐社会的目标,必须强化城市社会管理,进一步建立和完善现代化的城市社会管理体制和运行机制。

一、城市社会管理的必要性[1]

加强城市社会管理是城市政府的主要职能之一。现代城市管理主要是社会管理。广义的社会管理是除经济和政治事务之外的所有城市社会事务的管理,包括城市基础设施建设和市容管理、环境保护管理、社会治安、交通和规划、园林和绿化管理、社区和社会保障管理等内容。因此,城市社会管理不只是一种单纯的行业管理及几个职能部门的事,而且是一个综合性的社会系统工程。它体现了政府管理城市的综合能力,并与城市社会、经济发展和市民工作、学习、生活环

---

[1] 刘家玢等:《强化城市社会管理研究》,《理论与改革》1997年第9期。

境质量密切相关。

加强城市社会管理,是充分发挥城市功能的需要。一个城市社会管理水平的高低,是衡量其经济发展、社会进步和精神文明程度的重要标志。因此,在促进经济持续、快速、健康发展,加快城市现代化建设和改造的同时,改革城市社会管理体制,提高城市现代化管理水平,既是新形势下发挥城市功能作用的需要,也是城市发展的客观要求。

加强城市社会管理,是落实社会主义精神文明建设任务的需要。城市社会管理是城市精神文明建设的有效载体,一个城市的文明程度,是衡量一个城市管理水平的重要标志。而现代城市社会管理的根本目的就在于营造现代城市的文明环境,推动城市的文明与进步。

加强城市社会管理,是提高居民生活质量、优化城市环境的需要。随着城市建设的发展和城市规模的扩大,以及大量农村人口的涌入,造成了交通拥挤、治安不良、污染严重、环境恶化、市政公用设施严重超负荷等社会矛盾和问题。这些问题如果长期解决不好,将会严重影响城市居民的生活环境和生活质量,甚至会损坏对外开放的形象,反过来会制约经济、社会的发展。治理的办法,除了加强城市基础设施和环境整治等硬件设施外,加大城市社会管理的力度是当务之急。

二、城市社会管理的主要内容

城市社会管理涉及的面比较广,本书主要从以下几个方面加以阐述:

1. 城市人口管理。主要是指对城市常住人口的数量、质量以及城市流动人口进行全面的控制、监督和管理。

2. 城市民政与福利事业管理。城市民政与福利事业是指国家依据一定的法律和规定建立起来的,由国家采取一定的政策和措施,拨给一定的专款,对城市社会成员,特别是孤老残疾和精神病人的基本生活给予照顾和妥善安置,对他们的基本权利提供保障的一系列制度的总称。

3. 城市文化教育卫生事业管理。城市文化事业管理,就是城市文化管理部门依据国家和本市的方针、政策,对城市的各项文化事业实行规划、组织、协调、控制、引导和监督的一种行政行为。城市教育事业管理,是指发生在城市教育实践活动中的管理行为。广义的教育管理,不仅包括学校管理,而且包括城市教育行政管理。城市卫生事业管理,指城市政府有关部门依据国家有关政策和法律法规,协调管理城市卫生系统的各要素,保证城市公共卫生目标的实现,从而为市民创造一个有利于身心健康的良好的生活环境和工作环境。现阶段,城市环境卫生和城市医疗卫生是城市卫生事业管理的主要对象。

4. 城市公共安全管理。公共安全管理是维护城市社会公共秩序,保障公民合法权益,打击和处理各类违法犯罪活动的管理行为。

5. 城市社区管理。现代城市政府并不把城市的一切社会事务都纳入政府管理的范围,充分发挥各种社会组织特别是社区的作用,将政府管理和社会自治结合起来,这是现代城市社会管理的基本特色。加强社区建设和社区管理,强化社区功能,是加强城市社会管理、加快城市现代化发展的必然要求。所谓社区管理,就是以街道为主导、居委会为协同,以社区组织和社区成员为依托,对城市社区内的各项公共事务和公益事业进行规划、组织和协调的过程。

第二节 城市人口管理

城市人口是城市社会的主体,城市人口的变动和发展都将对城市发展产生根本性的影响。实现城市的可持续发展,必须加强城市人口管理。城市人口管理的主要任务是控制人口数量,提高人口质量。

一、城市人口管理概述

城市人口是指居住在城市范围内的非农业人口,包括拥有城市户籍的常住城市人口,即通常讲的城市居民,以及来自其他城市和农村的暂住的流动人口。城市常住人口是城市人口的主体,但是,随着我国城市化进程的快速推进,乡村人口日益向城市集中,经济欠发达地区的城乡人口不断向经济发达地区城市涌入,这部分流动人口也是我国城市人口的组成部分。因此,作为城市管理意义上的城市人口应该是指在市、镇范围之内的全部人口,包括常住人口和流动人口。认真分析城市人口问题,正确制定城市人口政策,提高城市人口质量,是目前城市管理中重要而不可或缺的组成部分。

城市人口对于城市的发展有着重要的意义,城市人口的增加、城市人口占总人口的比例的提高,是城市化的主要标志,也是现代化发展的重要标志。根据国家建设部《2003年城市建设统计公报》,2003年末全国设市城市660个。另据国家统计局2005年2月发布的《中华人民共和国2004年国民经济和社会发展统计公报》,2004年末全国总人口为129988万人,其中城镇人口为54283万人,占总人口的41.8%。而在1978年时,我国的城市化水平只比1949年的10.6%有所提高,仅为17.9%,在1996年末全国总人口为122389万人时,城镇人口也仅为35950万人,占全国总人口的29.4%。改革开放以来,我国的城市化发展速度之快可见一斑。据有关部门预测,到2010年,我国需要将11000万农村人口转移为城镇人口,城市化水平将达到43%;到2020年,城市化水平将达到52%;2050年时,我国的城市化率将达到70%。显然,城市人口管理无论对于一个城市的发展和稳定,还是整个国家的经济社会发展,都将具有越来越突出的作用。

为求得城市人口与城市经济、资源、环境的协调发展,城市人口与城市基础设施的合理配置,我国的城市人口管理主要集中在城市常住人口数量管理、城市常住人口质量管理、城市流动人口管理等三个方面。

二、城市常住人口数量管理

城市常住人口是指拥有城市户籍的城市人口。城市常住人口的数量变动不仅包括人口数量绝对值的增加或减少,而且还包括人口数量结构的变动,如老龄化程度、男女性别比例的变动等。影响城市常住人口数量变动的因素,主要有两个方面,即自然变动和迁移变动。[1]因此,针对这两种变动,城市常住人口的数量管理应主要集中在计划生育管理和户政管理两个方面。

计划生育是我国的基本国策。城市计划生育管理的主要任务是有效控制城市人口的自然增长,提高人口质量,使城市人口的增长与城市各方面的发展相适应。做好城市计划生育管理,首要的是建立健全城市各级计划生育工作机构。现阶段,我国城市计划生育的主管机构是城市政府的常设机构——市计划生育委员会及其所属区、县的计划生育委员会和街道办事处的计划生育办公室。

我国城市常住人口的计划生育管理主要内容包括[2]:

(1)广泛开展深入持久的计划生育宣传教育工作,使计划生育观念进一步深入人心。思想教育是动员城市居民实行计划生育的中心环节,因此,要充分利用报纸、广播、电影、电视和其他人们比较熟悉的形式宣传计划生育政策,提高广大居民的觉悟,改变旧的生育观,树立全新的生育观,自觉执行计划生育政策。就现阶段情况看,我国城市居民的文化程度整体上比较高,在他们中普及计划生

---

[1] 张国祺主编:《市政管理学》,四川大学出版社1995年版,第163页。
[2] 王佃利等主编:《现代市政学》,中国人民大学出版社2004年版,第278页。

育观念和政策相对来说比较容易,但是,一些封建的生育观念如重男轻女思想在一部分城市居民中还是有一定影响的。因此,对城市居民进行计划生育的宣传教育工作不能放松。

(2) 制定和实施人口生育计划。生育计划是根据人口的现状和发展趋势,根据经济、文化教育和社会生活的需要,所制定的有关生育的各种指标,主要是对人口出生率、自然增长率等方面作出量的规定,进而通过管理,把生育计划加以贯彻落实,落实到每个应当计划生育的家庭和个人。在管理过程中,管理部门还应定期检查计划落实和执行情况,并及时修改和完善生育计划,使之更具科学性和可行性。

(3) 与城市医药卫生部门相配合,做好计划生育的卫生保健服务和技术服务工作。

(4) 运用经济和社会福利手段,奖励执行计划生育者,处罚不执行计划生育者。

城市常住人口的户政管理是城市人口管理的一项基本内容。自新中国成立以来,我国就逐步形成了一整套比较完整、统一的城市户政管理制度。有关户政管理的法律法规对于加强城市户政管理,控制城市人口增长,维护社会治安,促进城市经济建设等诸多方面都有着十分重要的作用。现阶段,我国负责城市常住人口户政管理的机构是城市公安局或公安分局的派出所,它是城市常住人口户政管理的基层单位,也是户口登记的专门机关。[1]

户政管理机构对城市常住人口的户政管理工作主要包括以下几个方面的内容:

(1) 户口登记工作。户口登记是户政管理工作的基础,也是户政管理工作最基本的原始凭证。户口登记以户为单位进行,户分为家庭和集体两种。城市户口登记实行常住、暂住、出生、死亡、迁出、迁入、变更更正七项登记制度。户口登记由户口登记机关用其设立的户口登记簿进行,户口登记簿是户口登记机关签发户口簿、居民身份证等的依据,具有证明公民身份的法律效力。[2]

(2) 户口迁移工作。处理户口迁移,要遵照国家相关的政策和制度,同时要保障广大居民的正当迁移。凡是符合政策的准予迁移,并且给予方便,不允许乱加限制。符合规定的正当迁移发给迁移证,凭证落户。

(3) 人口卡片工作。人口卡片是城市户口管理工作的一项重要业务。它在

---

[1] 王佃利等主编:《现代市政学》,中国人民大学出版社2004年版,第279页。
[2] 张国祺主编:《市政管理学》,四川大学出版社1995年版,第176页。

户口登记的基础上,以人为单位,建立具有户口登记项目的卡片,这样便于科学地管理和查找。

(4)居民身份证管理。1985年9月,我国正式公布了《中华人民共和国居民身份证条例》,这是我国户政管理制度的一项重要变革,对于证明公民身份、严格治安管理、方便居民生产生活都具有重要意义。居民身份证由公安机关统一印制、颁发和管理。

(5)人口统计。城市户政管理机关应该在户口登记、资料调查的基础上,按照公安部统一制发的人口统计报表进行人口统计,并逐级汇总上报,同时向各级政府和有关部门提供人口统计资料。

三、城市常住人口质量管理

城市的发展不是取决于城市人口数量的多少,而是取决于城市人口质量的高低。城市人口质量,由城市人口的身体素质、科学文化素质以及思想道德素质等三个方面的内容构成,是城市人口总体的质的规定性。

提高一个城市的人口质量,与城市的生产力发展水平、社会经济状况、计划生育控制人口数量、教育卫生事业的发展水平、精神文明建设等都密切相关。因此,我国城市常住人口质量管理主要包括以下内容:

(1)建立完善的城市常住人口质量管理组织体系。应建立一个有效的城市常住人口质量管理的组织体系,并通过这样的组织,建立衡量人口素质的指标体系,不断依据社会发展情况的变化来校正各项指标,从而运用这些指标,去测定、反映城市社会常住人口的质量。

(2)城市常住人口优生的质量管理。应遵照国家相关法律法规和政策,禁止有遗传病史、直系血亲关系以及有其他严重疾病的人结婚,同时要加强婚前、产前检查,避免低质儿的出生。

(3)城市常住人口优育的质量管理。优育应包括保育、教育两方面内容。城市卫生部门首先应做好对新生儿的保健工作,定期进行体格检查。城市教育部门则应抓好儿童的早期教育,重视智力开发工作。目前,由于我国生产力状况、经济水平、文化技术以及营养等因素的影响和制约,我国国民包括城市居民的整体素质还比较低,只有坚持科教兴国的基本国策,提高全民族整体素质,才能提高公民的智力水平。一流城市必须有一流教育,城市政府必须将教育放到特别重要的位置,加大对教育的投入,普及九年义务教育,发展职业教育和高等教育,基本实现教育现代化,为城市发展提供足够的智力支持和人才保证。

四、城市流动人口管理

城市流动人口是指在本城市和集镇中居住三日以上，不具本城市和集镇常住户口的暂住人口，以及当天在途中周转的人口。[1] 城市流动人口的存在是社会发展的必然结果，城市流动人口的增长则是市场经济发展的必然产物。改革开放以来，随着我国城市化进程的逐步加快，我国城市流动人口的规模也日益增大，一些城市流动人口的数量甚至超过了常住人口。在今后较长时间里，我国城市流动人口将继续呈现增长趋势，流动人口的构成也将日益复杂化、多样化。城市流动人口一方面是城市经济社会发展的"财富"，另一方面又可能成为城市经济社会发展的"包袱"。因此，城市流动人口管理对于一个城市的整体发展有着不容忽视的作用。

首先，城市正常流动人口对于城市的发展是有积极作用的。这种积极作用表现在：(1) 流动人口是重要的劳动力资源，大量流动人口的存在是经济发展过程中劳动力资源重新分配的表现。一方面，可减轻过量剩余劳动力的滞存给农村社会带来的沉重压力，避免不必要的人力资源的浪费；另一方面又给急需劳动力的地区和行业提供了充裕的劳动力，使得劳动力资源配置日趋合理。(2) 流动人口的存在，促进了城乡物质交流，繁荣了市场经济，促进了城市商业、饮食、服务、修理等第三产业的发展。(3) 流动人口还是庞大的消费市场，对拉动生产、增加储蓄有着积极作用。(4) 流动人口促进了各地区之间的经济文化技术交流，加速了信息的传递，带动了落后地区经济社会的发展。与此同时，城市流动人口的大量增加，也给城市发展带来了许多负面影响，主要表现在：(1) 过猛过量增长的流动人口，加剧了铁路、公路、航运和市内公共交通的紧张情况。(2) 流动人口逐年增多，人口分离日益严重，给流动人口计划生育管理带来了一定的困难。(3) 在人口流动大潮中，难免泥沙俱下，混杂一些为非作歹的人。他们长期在外扰乱社会秩序，甚至隐匿身份，流窜作案，直接危害社会的安定，影响市民的安全感，引起人们的极大关注。(4) 流动人口分布面广量大，广泛渗入社会各个领域，涉及地方行政管理、治安户籍管理、市容环境管理、市场摊商管理、劳动力市场管理、计划生育管理等诸多方面，加大了管理工作量和难度，使许多工作处于被动局面。

正是由于城市流动人口对城市的双重影响，使得城市流动人口管理工作成

---

[1] 张国祺主编：《市政管理学》，四川大学出版社1995年版，第179页。

为城市社会管理中的一个热点和难点问题。为了增强流动人口对城市的积极作用,减少其消极作用,必须加强城市流动人口管理。目前,对城市流动人口的管理主要集中在以下几个方面:

(1) 改变管理思路。城市流动人口的增加是经济、社会发展的必然趋势,是推进城市化进程的必然结果。应该改变把流动人口当做对立面的防范式管理思路和管理模式,确立以服务为主的管理思想和管理模式,通过管理使流动人口获得安宁与幸福,并实现流动人口与常住人口之间的秩序与协调。

(2) 宏观控制。这是指对城市流动人口的增长速度和人员结构,根据需要进行合理的调节与控制。政府及有关部门可以采取行政的、法律的或经济的手段进行调节和控制,及时解决问题,防止出现大的社会、经济动荡。[1] 城市流动人口的增加是城市化进程的必然趋势,因此,对流动人口的管理应当改变"阻、围、赶"的办法,通过建立健全城市整体管理机制,从根本上防止人口的盲目流动。

(3) 细化管理。细化管理就是要加强对城市流动人口的具体管理,实施完整配套的对策。管理应细化到流动人口户口迁移、子女入学、生活保障等各个方面。同时要加强对流动人口的思想转变、情操培养、文化学习和法制教育。

加强对城市流动人口的管理,根本目的还是为了兴利除弊,更好地发挥流动人口的积极作用,尽可能地减少其消极作用,促进城市经济社会的全面发展。

第三节　城市文化教育卫生事业管理

一、城市文化教育卫生事业管理概述

文化、教育、卫生事业的发展是一个国家综合国力发展提高的一部分,而文化、教育、卫生事业机构和资源又大部分集中在城市。因而,在城市管理中重视对文化、教育、卫生事业的管理,对提高城市竞争力和国家竞争力具有重要的促进作用。

城市文化管理,就是城市文化管理部门依法对城市的各项文化事业进行规

---

〔1〕 王佃利等主编:《现代市政学》,中国人民大学出版社2004年版,第281页。

划、组织、调控、引导和监督的一种管理行为,具体内容主要包括城市文化规划管理、城市文化设施的建设和管理、城市文化市场的调控和监督、文艺团体的管理、群众性文化工作的管理,以及对外文化交流和合作的管理等。

城市教育管理,是指城市教育行政管理部门依法对整个城市教育系统包括有关教育部门和各级各类学校进行计划、组织、控制和监督的管理行为,具体内容主要包括城市教育制度建设、教育经费管理、教育规划管理、教育资源管理、职业技术和成人教育管理、继续教育管理、特殊教育管理等。

城市卫生管理,是指城市卫生管理部门依法对城市生产卫生、生活卫生和医疗卫生进行计划、组织、控制和监督的管理行为,目的是为广大市民创造一个健康卫生的工作和生活环境,尤其是城市医疗卫生事业管理,它是满足人民日益增长的医疗保健需求,提高居民健康水平和生活质量的根本保证。城市卫生管理包括城市卫生规划管理、卫生法规与政策管理、卫生事业与人员管理等。

二、城市文化管理

目前,我国城市文化管理的机构有两类:一是城市政府的文化管理机构,即市文化局,在市人民政府的领导和上级文化行政部门的指导下工作,其主要职责是:贯彻和执行党和国家关于文化工作的方针、政策、法规;编制本市文化事业的长远规划和年度计划;指导本市艺术表演团体的训练和演出,开展群众文化活动;加强文艺职业道德教育,培训文艺专门人才。二是城市社会组织中具有一定文化管理职能的非政府机构,包括城市中的文学艺术联合会和社会民间文化组织。前者是城市中文学家、艺术家自愿联合起来的群众性文学艺术团体,主要职责是:宣传贯彻党和国家的文学艺术方针、政策,团结本市的文艺工作者和爱好者开展文学艺术活动。后者是由城市的文学、艺术爱好者自愿组织起来的民间文化组织,如城市美术协会、音乐协会、曲艺协会、戏剧协会等。[1]

城市文化管理的具体内容主要是:

(1) 各城市根据自己的区域特色和情况,制定适合自己的城市文化发展规划。城市文化发展规划是城市文化发展的纲领,其关键在于使城市文化的发展和形成与各城市的政治、经济、地理环境、风俗习惯相协调,形成独具特色的城市文化,并促进城市社会的不断发展进步。城市文化的发展是一个系统工程,要研

---

〔1〕 参见徐理明等主编:《城市现代化的"金钥匙"——中国市政》,中国人事出版社1996年版,第353页。

究城市文化类型、文化结构、城市历史、城市文化发展价值目标和发展模式等。

(2) 城市文化设施的建设与管理。城市文化设施是进行城市文化管理和活动的场所，是城市文化发展的载体，是一个城市文化建设的直观反映，也是一个城市文明发展程度的重要标志。它主要包括图书馆、博物馆、文化馆、影剧院、音乐厅、少年宫、体育馆以及各种游乐场所等。

(3) 城市文化市场建设和管理。近年来，随着社会主义市场经济的不断发展，我国文化市场发展很快，形成了多门类、多层次、多体制的市场格局。文化市场的形成和发展，对丰富广大市民的文化生活和提高其生活质量，起了重要作用。但是由于受物质利益的影响，我国目前城市文化市场也存在着诸如文化设施格调低下、盗版淫秽文化产品充斥市场等不利于市民身心健康的现象和问题。因而，城市文化市场需要管理。城市政府的文化主管部门要通过运用经济的、行政的、法律的手段对文化的生产、经营行为进行严格、有效的管理和监控，使文化市场走上法制化、规范化的健康发展道路。

三、城市教育管理

在我国，城市教育管理的主要机构是市教育委员会或市教育局及其所属的区、县教育局。城市政府的有关部、委、办、局经市人民政府批准，设有教育处或教育科，它们在市教育委员会(局)的指导下，负责本系统所属学校的业务管理工作。城市政府教育委员会(局)的主要职责是：管理、指导、监督、检查本市及所属教育机构和各级各类学校对党和国家的教育方针政策、法律法规的贯彻执行；依据相关法律法规和本区情况制定教育事业发展战略规划、具体计划和行政措施等，科学规划全市的教育结构、布局调整和体制改革工作并加以组织落实；编制本市各级各类学校的招生计划，组织领导招生和指导毕业生的就业工作；负责本市学校基础建设投资，统筹管理全市教育经费，编制全市教育事业经费的预决算和审核等；指导本市各级各类学校的思想政治工作、教学工作、科研工作和总务工作；组织本市校际之间的协调和交流，进行教育质量的检查和评估；任免和考核学校主要负责人，劳动工资的发放工作等。

城市教育管理的主要内容包括：

(1) 城市教育制度建设。加强教育法制建设是我国城市教育管理走向规范化的制度保证。建国以后，尤其是20世纪80年代以后，我国的教育立法发展速度是十分迅猛的，基本形成了如学校教育制度、义务教育制度、职业教育和成人教育制度、教育考试制度以及教育督导和评估制度等一系列我国城市教育制度。

（2）教育经费管理。加强教育经费管理首先要提高对教育重要性的认识，扩大政府的教育投资；其次要积极推进教育资金筹集多元化，鼓励和指导企业、社会团体以及个人捐资助学，动员全社会力量支持和办好教育；还要理顺教育经费的管理体制，严格监管教育经费的运营和使用，把经费的分配和使用结合起来，使其增值保值。

（3）教育规划管理。这是指各市应根据市情，遵照国家的方针政策，依法科学规划本市的各级各类教育，包括学前教育、九年义务教育、高中教育、高等教育等结构和比例关系。对于这方面的教育管理要注意其结构比例的合理性，如基础教育、中等教育和高等教育的比例关系，高等教育内部研究生、本科生及专科生之间，文、理、工、农、医、师等各科之间的比例关系，保证教育结构与当地的经济建设、社会发展和科技进步相适应。

（4）教育资源管理。教育资源主要包括教育基础设施和设备、教育经费、教育后勤、教育师资等。其中师资队伍建设和管理的好坏，直接关系到教育事业发展的成败。对于这方面的管理：一要扩大师资来源，增加教师数量；二要提高教师素质，保证教师质量；三要通过培训、函授等，不断更新教师知识；四是改善教师工作条件和待遇，稳定教师队伍。

（5）根据具体教育对象不同而形成的不同内容的教育管理，如干部、职工教育管理，继续教育管理，特殊教育管理，下岗职工再就业培训教育管理，老年人教育管理等。

四、城市卫生管理

我国城市卫生管理机构主要是市卫生局，它是市政府管理全市医疗卫生事业的职能部门，其主要职责是：贯彻执行党和国家以及上级卫生部门关于卫生工作的方针政策、法律法规；根据人口规模，合理布局医疗卫生事业；编制城市卫生事业发展规划；贯彻预防为主的方针，搞好卫生管理和传染病、地方病、职业病的防治工作；搞好医学教育和科研工作；管理药政工作；等等。

在我国，城市卫生管理机构还包括计划生育委员会（局）和爱国卫生运动委员会（简称爱委会），它们辅助主要卫生管理机构搞好全市的爱国卫生、人口控制、防治疾病和创建卫生城市工作。计划生育委员会（局）的主要职责是：贯彻执行党和国家以及上级部门关于计划生育工作的方针政策、法律法规；落实计划生育措施，切实控制人口增长；负责城市计划生育的技术指导工作。爱委会主要是贯彻和组织实施党和国家关于爱国卫生运动的政策和法律法规；协助卫生主管部门加强城市卫生基础建设、卫生宣传、教育和卫生监督工作,开展经常性的群众爱国卫生运动,真正创建一个整齐、清洁、环境优美的卫生城。

城市卫生管理的主要内容有:

(1) 依法制定和执行城市卫生事业发展规划。城市卫生主管部门要对本市卫生状况认真分析和评价,鼓励和吸引广大市民积极参与城市卫生管理,了解市民需求,以此作为制定城市卫生发展规划的依据。同时,城市卫生管理机构人员和下属医疗机构要认真实施发展规划,建立有效的监督机制,真正使卫生事业的发展落到实处。

(2) 城市医疗事业管理,包括对由医院、门诊机构、非传染病专科防治机构、医疗站及急救站、输血站和精神病收容所等机构组成的医疗体系的管理,对由市属各级妇幼保健站(所)、产院、儿童保健所、综合医院妇产科和儿童医院等组成的保健系统的管理,以及有关劳动保险制度、公费医疗预防制度、合作医疗和免费医疗预防制度等的建设和管理。

(3) 城市卫生防疫管理,包括对市属各级卫生防疫站、地方病与寄生虫病防疫所(站)、结核病防治所、皮肤病防治所(站)、边境与海港检疫所(站)等机构组成的防疫体系的管理。卫生防疫管理主要是贯彻以预防为主的工作方针,严格贯彻《中华人民共和国传染病法》等法律法规,应用预防医学理论和技术,开展卫生监督,改善环境、劳动、食品、学校等各项卫生状况,实施国境卫生检疫,除害防病。

(4) 药政管理,是指城市卫生管理部门依法对药品的进出口、生产、流通、销售等渠道进行严格的管理,加强对药品市场的监管和对药检工作的指导,确保药品的质量和用药安全有效。

第四节 城市公共安全管理

人类筑"城"围"市",为的是更"安全"地经商谋业、生活娱乐。在现代社会,当自然灾害频发,恐怖活动猖獗,SARS等病毒肆虐,城市安全不再之时,人们对城市安全更加渴望。保护公民的人身权与财产权,提供公共安全,本来就是政府产生和存在的重要原因。公共安全管理是现代城市政府管理的基本职能之一,其目的就是最大程度地减轻各种自然的和人为的对城市居民人身与财产的危害,提供市民所需要的公共安全。

一、公共安全的内涵和影响因素

公共安全是一种存在状态，一种心理氛围，是政府为社会成员提供的人身权与财产权的保护。公共安全既区别于国家安全，也不同于社会稳定。[1]我国刑法对危害公共安全罪和危害国家安全罪的描述，从反面对公共安全和国家安全作了最好的注释。

我国1999年修订的《中华人民共和国刑法》规定，危害公共安全罪的内容包括：放火、决水、爆炸、投毒或者以其他危险方法破坏工厂、矿场、油田、港口、河流、水源、仓库、住宅、森林、农场、谷场、牧场、重要管道、公共建筑物或者其他公私财产；放火、决水、爆炸、投毒或者以其他危险方法致人重伤、死亡或者使公私财产遭受重大损失；破坏火车、汽车、电车、船只、航空器，足以使火车、汽车、电车、船只、航空器发生倾覆、毁坏危险；破坏轨道、桥梁、隧道、公路、机场、航道、灯塔、标志或者进行其他破坏活动，足以使火车、汽车、电车、船只、航空器发生倾覆、毁坏危险；破坏电力、燃气或者其他易燃易爆设备；破坏交通工具、交通设施、电力设备、燃气设备、易燃易爆设备；组织、领导和积极参加恐怖活动组织；以暴力、胁迫或者其他方法劫持航空器、船只、汽车；对飞行中的航空器上的人员使用暴力，危及飞行安全；破坏广播电视设施、公用电信设施；非法制造、买卖、运输、邮寄、储存枪支、弹药、爆炸物；非法携带枪支、弹药、管制刀具或者带有爆炸性、易燃性、放射性、毒害性、腐蚀性的物品，进入公共场所或者公共交通工具；违反带有爆炸性、易燃性、放射性、毒害性、腐蚀性物品的管理规定，在生产、储存、运输、使用中发生重大事故；建设单位、设计单位、施工单位、工程监理单位违反国家规定，降低工程质量标准，造成重大安全事故；明知校舍或者教育教学设施有危险，而不采取措施或者不及时报告，致使发生重大伤亡事故；违反消防管理法规；等等。我国刑法规定危害国家安全罪是指：勾结外国，或与境外机构、组织、个人相勾结，危害中华人民共和国的主权、领土完整和安全；组织、策划、实施分裂国家、破坏国家统一；煽动分裂国家、破坏国家统一；组织、策划、实施武装叛乱或者武装暴乱；策动、胁迫、勾引、收买国家机关工作人员、武装部队人员、人民警察、民兵进行武装叛乱或者武装暴乱；组织、策划、实施颠覆国家政权、推翻社会主义制度；以造谣、诽谤或者其他方式煽动颠覆国家政权、推翻社会主义制度；国家机关工作人员在履行公务期间，擅离岗位，叛逃境外或者在境外叛逃，危害中

---

[1] 李经中：《政府危机管理》，中国城市出版社2003年版，第58页。

华人民共和国国家安全；参加间谍组织或者接受间谍组织及其代理人的任务；为敌人指示轰击目标；为境外的机构、组织、人员窃取、刺探、收买、非法提供国家秘密或者情报；战时供给敌人武器装备、军用物资资敌等。由此可见，公共安全的指向是个人，国家安全的指向是国家。同时，两者之间也有联系；危害公共安全的行为可能危害国家安全，危害国家安全的行为一定会危害公共安全。例如，盗窃、掠夺、抢劫枪支、弹药、爆炸物是危害公共安全的行为，而如果其目的是为了组织、策划、实施武装叛乱或者武装暴乱，就会变成危害国家安全；组织、策划、实施分裂国家、破坏国家统一的行为，必然会引发战争，势必危及公共安全。

公共安全也不同于社会稳定。社会稳定是指社会生活的安定、协调、和谐和有序，是通过人们的自觉干预、控制和调节而达到的社会生活的动态平衡，它包括政治局势稳定、经济形势稳定、思想情绪稳定和社会秩序安定。[1] 当然两者也是有密切联系的。社会稳定是公共安全的前提，没有社会稳定也就谈不上公共安全。而在社会稳定存在的状态下，也会出现危害公共安全的行为。

公共安全，并不是某一个阶级、集团、群体的安全，而是社会每个成员的安全，其核心是保护每个社会成员的人身权和财产权。影响公共安全的因素很多，主要有：(1) 自然因素，包括地震、暴雨、洪涝、风灾、旱灾等；(2) 卫生因素，包括各类传染病、流行病、职业病等；(3) 社会因素，包括刑事安全，如打、砸、抢、盗、杀、烧、炸、绑架、毒品等，以及社会动乱，如暴乱、非法集会游行、非法宗教活动等；(4) 生态环境因素，包括酸雨、森林火灾、水土流失、废气、废水、废渣、噪声等；(5) 经济因素，包括生产安全，如爆炸、各类事故等，以及金融安全、交通运输安全等；(6) 信息因素，包括国家机密、计算机信息、网络信息、商业秘密等；(7) 技术因素，包括重要公共技术设施保护，如电视台、电台、通信等重要信息枢纽等；(8) 文化因素，包括民族矛盾、文化冲突等；(9) 政治因素，包括政治动乱、国家分裂、政治斗争等，还有国防因素，如遭遇外敌入侵、主权危害等。公共安全问题的存在，是构成城市发展不确定因素的重要方面，特别是当其演变成突发性公共事件后，将会对城市的持续发展构成极大的威胁。[2]

二、城市公共安全管理的内容

城市公共安全管理是指城市安全管理机构为保障市民人身和财产不受上述

---

[1] 陶德麟主编：《社会稳定论》，山东人民出版社1999年版，第55页。
[2] 雷仲敏：《我国城市公共安全管理模式构想》，《上海市经济管理干部学院学报》2004年第1期。

外力和他人侵害而采取的管理行为,包括城市社会治安管理、城市危机管理、城市消防管理和城市交通安全管理等内容。

1. 城市治安管理

城市治安管理是指城市政府及其公安机关对城市辖区内社会公共秩序的维护,通过对各种违反治安管理条例和刑法所规定的犯罪行为进行预防、打击和处理,保护公民的合法权益和生命财产不受侵害,使城市社会达到一种有秩序的安定状态的活动。

根据《中华人民共和国治安管理处罚条例》规定,治安管理业务范围包括公共治安秩序管理、特种行业管理、危险物品管理、道路交通管理、消防管理和户口管理。主要内容为:维护城市公共秩序;保障公共安全;保护公民人身权利;保障公共财产和公民个人依法所有的合法财产不受侵犯;加强城市社会管理,稳定社会秩序;严格城市消防安全管理,减少火灾可能给城市造成的灾害;维护城市交通秩序,保证交通运输安全;加强对城市住户和人口的管理,进一步完善城市人口管理制度;严禁其他妨害社会管理秩序的违法行为,如卖淫、嫖娼、赌博以及制作、复制、出售、出租、传播淫书、淫画、淫秽音像制品等。

承担城市治安管理的机构包括城市政府的公安机关,以及其他承担着城市治安管理的基础和辅助工作的组织,如社区的治安联防组织、各种保安服务公司和各企事业单位内部的保卫部门等。公安机关是城市治安管理最主要的组织,其主要职责是:贯彻和执行国家有关治安管理的法律法规和方针政策,维护城市社会公共秩序,预防和打击各类城市社会违法和犯罪活动,确保一方平安;根据法律法规制定适合本市市情的治安管理的实施细则和规范性文件;研究制定治安管理的规划及其实施措施;动员社会各方面的力量,运用法律的、经济的和行政的等各种手段来预防和打击违法和犯罪活动;其他如道路交通管理、消防管理和户口管理等与社会秩序和社会安全有关的活动等。

在我国,城市治安管理要服从党和国家的路线、方针、政策,服务于经济建设与社会发展;专门机关管理与依靠群众相结合;预防为主,保障安全;保护合法,取缔非法;严格管理与文明管理相结合;有利生产建设,方便群众生活;教育与处罚相结合;公开管理与秘密工作相结合等原则。

2. 城市危机管理

危机是可能引发灾难性后果的突发事件。突发事件是事先没有预料到的、突然发生的事件,通常包括各种自然灾害、严重事故、恐怖主义行为以及重大政治、经济事件等。城市危机管理,顾名思义,就是对那些没有预料到的、且对城市公共安全和公共利益形成重大威胁、可能引起灾难性后果的事件的管理。它是一种非常态的管理。近年来,各国的城市危机事件频频发生,美国2001年的"9·11"事件、中国2003年发生的SARS危机都是典型案例。城市危机的存在迫使各国政府加强城市危机管理。

加强危机管理,城市政府第一必须树立正确的危机意识,确立开明、开放的危机管理理念,积极建设信息沟通的平台。第二,要建立科学的危机预警系统。在危机爆发之前能够提前识别各种突发事件,对可能发生的危机信息、情报及时处理,并作出科学的预测和判断,分析危机发生的概率,以及对危机爆发的后果加以正确的估计和准备。第三,科学制定危机管理法规,加强对危机事件的依法管理。在认真研究危机事件发生的规律和特点的基础上,针对各城市具体情况,立法部门应加紧制定危机管理的法律法规,使城市危机管理有法可依。第四,要倡导公众道德建设,营造危机管理的良好氛围。从我国2003年与SARS危机进行斗争的经验教训中可以看出,加强对市民公共道德的教育,唤起大家的公共意识,显得尤为重要。第五,整合社会支持力量,共同处理危机,也就是要建立某种城市社会支持系统,吸收公民和社区参与危机管理,鼓励与支持公民对政府的危机管理政策采取合作态度。[1]

3. 城市消防管理

城市消防管理是城市消防部门对城市内为预防火灾火警和扑灭火灾的一系列管理活动的总称。城市消防管理的基本方针是坚持"预防为主,防消结合"。消防管理的主要内容包括:广泛开展防火宣传,大力普及消防知识;经常开展有针对性的防火检查,切实排除火灾隐患;健全消防法规,加强消防法制建设;建立健全消防组织,主要是在城市应建立相当规模和一定实力的消防队伍,大型企事业单位应根据需要建立相应的消防组织;坚持建筑防火审核,积极改善消防条件。

4. 城市交通安全管理

城市交通安全是由城市政府专设的交通管理机构或公安机关的交通安全管理部门,如交通警察大(支)队为确保城市交通安全而进行的一系列管理活动。主要内容包括:国家和地方政府制定的有关城市道路交通安全管理的法律、法规、规章和各种规范性文件的执行和执行情况的监督;各种交通附属设施,如交通标志、交通标示等的安置和管理;交通指挥点和检查站的设置和管理;城市交通的指挥和交通秩序的维护;车辆等交通工具的性能及装置的检验;车辆驾驶人员的考核;车辆牌号、行驶证、驾驶证等的核发;各种交通违章事件的处理;等等。

---

[1] 陈建华等:《论中国政府的危机管理》,《江汉论坛》2003年第11期。

此外，开展交通安全教育，提高市民的交通素质，切实保障道路交通的安全和畅通，是城市交通安全管理工作中不可缺少的部分。

第五节 城市社区管理

城市社区管理是城市社会管理的基础性工作。随着我国经济体制改革的深化，城市管理的重心正在不断向"社区"转移，社区管理在城市管理中的地位和作用变得越来越重要。加强社区建设和管理、完善社区功能，是加快城市现代化发展、促进城市经济和社会协调发展的必然要求。

一、城市社区概述

社区管理面对的对象是社区。社区是由生活在一定地域范围内的人们所形成的一种社会生活共同体。它既是人们聚集、生活的一定区域，也是社会成员参与社会活动的基本场所。[1] 它按照人口聚集程度和职业构成的不同，可以划分为城市社区和乡村社区。城市社区是社会经济发展到一定阶段的产物，是由生活在一定地域范围内的、大多数人从事工商业及其他非农产业的一定规模人口所形成的社会共同体。与乡村社区相比，它具有：人口集中，密度大；经济活动复杂，商品经济发达；社会结构复杂，社会流动性大；社会生活设施完备，精神文化生活丰富；社会生活的节奏快，社会文化的变迁速度快等等特点。[2]

作为城市社会的有机组成部分，城市社区理所当然地要承担社会赋予它的使命，而作为相对独立的地域性社会共同体，城市社区又会对城市居民的经济社会生活施加独特的影响。因此，社区既具有不同类型的社会共同体（如各种社会组织）所共有的功能，也具有其他类型的社会共同体并不一定具备或被相对淡化的功能，前者可称为社区的一般功能，后者可称为社区的特殊功能。[3]

社区的一般功能主要有：(1) 经济功能，指社区具有能为居民提供就业机会和消费场所的功能；(2) 政治功能，社区具有维持社区秩序，保障社区居民人身

---

[1] 唐晓阳：《城市社区管理导论》，广东经济出版社2000年版，第2页。
[2] 顾朝林：《城市社会学》，东南大学出版社2002年版，第68～69页。
[3] 韦克难：《社区管理》，四川人民出版社2003年版，第34～35页。

和财产安全,为居民行使民主权利提供机会的功能;(3)教育功能,指社区能够充分利用社区教育资源,为居民提供各类教育服务的功能;(4)卫生保健功能,指社区可以通过各种医院、诊所和药店等为居民提供医疗保障服务的功能;(5)社会功能,指通过社区中的公共集会及其他各种形式的活动,为居民提供社会交往机会的功能;(6)休闲娱乐功能,指通过社区的各种娱乐设施和文体组织开展康乐性活动,促进居民身心健康的功能;(7)宗教功能,指借助于社区内的各种宗教设施使信教居民从事各种合法宗教活动的功能;(8)福利功能,指通过社区内的各种福利机构和慈善组织,为老弱病残等弱势人群提供特殊照顾和帮助的功能。[1]

社区的特殊功能主要有:(1)互动功能,指社区可以为社区成员的互动提供机会的功能;(2)人际影响的功能,指社区成员间的相互接触有助于形成在家庭生活和社会经济理想与抱负方面的行为规范,促进个人融入城市社会的功能;(3)互助功能,指各个家庭发生紧急情况,大多可以通过社区成员的帮助获得解决的功能;(4)组织和参与功能,指社区具有组织和促进居民参与社会事务,从而使社区与整个社会连接在一起的功能;(5)赋予地位的功能,指社区可以将其成员从社会中带来的抽象地位兑现为住房质量、生活方式以及其他看得见的具体地位,以及有知名度、声望高的社区成员的入住,也会使该社区居民被赋予相似的地位的功能。[2]

正因为社区所具有的这些功能,改革开放以来,特别是自20世纪90年代初起,我国许多城市十分重视社区建设。上海、石家庄、青岛、北京、天津、重庆、南京、杭州、大连、武汉等大中城市在社区建设中,形成了许多独特的经验。2000年11月,民政部《关于在全国推进城市社区建设的意见》的发布,标志着全国性城市社区建设工作的全面启动。在我国,社区建设的内涵是:在党和政府的领导下,依靠社区力量,利用社区资源,强化社区功能,解决社区问题,促进社区政治、经济、文化、环境协调和健康发展,不断提高社区成员生活水平和生活质量的过程。

社区建设的主要内容是:

(1)拓展社区服务。社区服务主要是开展面向老年人、儿童、残疾人、社会贫困户、优抚对象的社会救助和福利服务,面向社区居民的便民利民服务,面向社区单位的社会化服务,面向下岗职工的再就业服务和社会保障社会化服务。

---

〔1〕 程玉申:《中国城市社区发展研究》,华东师范大学出版社2002年版,第34页。
〔2〕 韦克难:《社区管理》,四川人民出版社2003年版,第36～37页。

(2) 发展社区卫生。主要是加强社区卫生服务站点的建设,积极开展以疾病预防、医疗、保健、康复、健康教育和计划生育技术服务等为主要内容的社区卫生服务,方便群众就医,不断改善社区居民的卫生条件。

(3) 繁荣社区文化。要充分利用街道文化站、社区服务活动室、社区广场等现有文化活动设施,组织开展丰富多彩、健康有益的文化、体育、科普、教育、娱乐等活动;利用社区内的各种专栏、板报宣传社会主义精神文明,倡导科学、文明、健康的生活方式;加强对社区成员的社会主义教育、政治思想教育和科学文化教育,形成健康向上、文明和谐的社区文化氛围。

(4) 美化社区环境。美化社区环境包括大力整治社区环境,净化、绿化、美化社区;提高社区居民的环境保护意识,赋予社区居民对社区环境的知情权。

(5) 加强社区治安。加强社区治安主要是建立社会治安综合治理网络。有条件的地方,要根据社区规模的调整,按照"一区(社区)一警"的模式调整民警责任区,设立社区警务室,健全社会治安防范体系,实行群防群治;组织开展经常性、群众性的法制教育和法律咨询、民事调解工作,加强对刑满释放、解除劳教人员的安置帮教工作和流动人口的管理,消除各种社会不稳定因素。

二、城市社区管理的组织

城市社区管理,就是在城市政府及其职能部门的指导和帮助下,以街道为主导、居委会为协同,以社区组织和社区成员为依托,运用行政、法律、经济、教育、情感等手段,对城市社区的社会治安、环境卫生、卫生保健、精神文明等各项公共事务和公益事业进行规划、组织、指挥、控制和协调的过程,其目的是合理调配和利用社区资源,发展社区事业,提高社区成员的生存质量。由于城市社区不同于一般的"行政区",社区成员形成的各种利益关系,往往不是以行政权力的介入为前提,而是以自主、平等的社会成员的共同需要为纽带,是通过居民自治组织(居委会),以一定的契约(居民公约)为基础建立起来的,因此,社区管理始终贯穿着自我管理、自我发展、自我服务的性质,体现着"共治、共享、共有"的特征。

承担城市社区管理的组织主要包括:

1. 政府组织。虽然社区管理必须减少行政干预,社区管理正逐步从以政府管理为主走向以社区自治为主,但社区内的许多社会公共事务必须由政府组织出面来进行指导、协调、监督和控制。目前,我国城市实行的是"两级政府,三级管理"的社区管理体制:"两级政府"是指市级和区级政府,"三级管理"即市级、区级和街道办事处一级的管理体制。相对于市级和区级,社区管理要更多地发挥街道办事处的作用。

2. 企事业组织。社区中的各类生产、服务性组织，如商店、医院、学校以及各种物业公司等企事业组织的服务对象大都局限于本辖区之内，如物业管理公司在自己的物业范围内提供的管理与服务涵盖了社区管理的大部分内容。

3. 社团性组织。社区内的各种群众性自治组织和专业性社会团体在城市社区管理中的作用越来越重要，尤其是社区居民委员会，它作为最基层的城市社区组织，在城市社区管理中具有其他组织不可替代的功能。《中华人民共和国城市居民委员会组织法》规定：居民委员会是居民自我管理、自我教育、自我服务的基层群众性自治组织。它的主要任务是：宣传宪法、法律、法规和国家的政策，维护居民的合法权益，教育居民依法履行应尽的义务，爱护公共财产，开展多种形式的社会主义精神文明建设活动；办理本居住地区居民的公共事务和公益事业；调解民间纠纷；协助维护社会治安；协助人民政府或者它的派出机关做好与居民利益有关的公共卫生、计划生育、优抚救济、青少年教育等项工作；向人民政府或者它的派出机关反映居民的意见、要求和提出建议。

4. 社区成员。社区管理的发展趋势是走向社区自治，所以，社区居民将越来越多地参与社区管理，自己管理自己的事务。要实现社区成员对社区管理的广泛参与，需要社区成员以及其他社区管理组织的共同努力，需要逐步提高社区成员民主自治的意识和能力。

三、城市社区管理的内容

城市社区管理的内容十分广泛，涉及社区居民生活的方方面面。主要有：

1. 社区规划管理。它既是城市规划管理的重要组成部分，也是社区管理的重要方面。搞好社区管理首先必须制定科学的社区规划。社区规划是一种综合性规划，是对社区各项建设事业的总体部署。它要在城市总体规划的指导下，通过对社区内各种要素的合理部署，正确把握和反映社区的发展趋势，促进社区繁荣，为社区居民的工作、学习、生活、娱乐提供一个优美的场所。

2. 社区建设管理。把社区建设成为管理有序、服务完善、环境优美、治安良好、生活便利、人际关系和谐的新型现代化社区，既是社区管理的内容，也是社区管理的目标。

3. 社区物业管理。物业管理是一种社会化、专业化、经营型的管理，其对象是物业。所谓物业，是指以土地及土地上的建筑物形式存在的不动产。所谓物业管理，就是指专门的物业管理机构受物业所有人的委托，按照国家法律以及合同行使管理权,运用现代管理科学和先进的技术对已投入使用的物业以经营的方式进行管理,同时对物业周围的环境、安全、绿化、道路等统一实施专业化管理,并向物业产权人和使用人提供综合性的服务。物业管理的具体内容包括房屋的修缮与维护管理、与房屋有关的各种设备设施管理、环境卫生管理、绿化管理、治安管理、消防管理、车辆和道路管理,以及室内清洁、家电维修、商品代购、代订报刊、代聘保姆、代付公用事业费、投资咨询、房屋中介、医疗等各种特约服务、便民服务和中介服务。

4. 社区环境卫生管理。包括社区环境污染的综合治理和整个社区空间环境的净化、美化、绿化。

5. 社区文化管理。社区文化表现为社区的各种文娱活动、体育保健活动以及老年大学、职业技术培训等社会教育活动。社区文化管理的目的是通过发展社区的文化教育事业,丰富居民的文化生活,提高社区居民的综合素质和社区的文明程度,树立良好的社区形象。

6. 社区人口管理。社区人口管理的主要内容是计划生育工作和对流动人口的管理。

7. 社区安全管理。社区组织承担着通过采取各种有效手段,预防、抵御和消除各种自然灾害和人为因素对社区的威胁,保障社区居民的人身和财产不受损害的管理功能。它包括社会治安的综合治理和消防安全管理等内容。

8. 社区服务管理。社区服务是在政府的倡导和指导下,依靠街道办事处和居民委员会等社区组织和广大居民,利用社区内的各种资源,开展的各种便民、利民服务,它包括文体康乐服务、医疗卫生服务、家政服务、就业服务、养老服务、家庭用具维修服务、法律咨询服务、婚姻中介和婚姻礼仪服务等。加强社区服务管理的目的是充分挖掘社区资源,积极开拓服务功能。

四、城市社区管理体制的改革创新

街道、居委会是我国城市社区管理最基本的基层组织。这类基层组织尽管在我国目前的城市社区管理中发挥着十分重要的作用,但也存在着许多问题,主要有:

(1) 行政色彩过浓。我国的社区建设和社区管理,一开始就是一种政府行为,并在政府主导下,形成了由区、街、居三级框架构成的社区服务网络管理体系。这种体系以政府的民政部门为主导,带有浓厚的行政管理色彩,民主性较弱。在整个社区管理的实践过程中,常常出现"政社不分"、"政社混淆"的矛盾和政府在行为上的"越位"和"缺位"现象。

（2）建制分散。由于街道、居委会体制变革滞后于城市建设和发展，导致街道、居委会组织的管理规模过大，在城市社区人口激增和流动加快的情况下，与相当多的居民失去联系。特别是随着城市化进程的推进，许多农民转为城市居民后，城市社区中农居混杂的现象日益增多，街道、居委会管理不能很好到位。

（3）社区组织权力小、力量弱。由于街道、居委会的管理范围与市和区政府的各个条条部门之间矛盾交叉，也就出现"看得见的管不着，管得着的看不见"的情况，街道、居委会没有执法的职能却要管理城市的基本生活秩序，各个执法部门有权执法却又没有力量直接把法律落实到基层，结果条块之间经常出现推诿扯皮的现象。

（4）居民对社区事务参与程度低。例如居委会的选举，往往走过场。居民对居委会开展的各种社区活动更缺乏主动参与的积极性，从而导致社区的各类志愿者服务活动不易开展。

要推进社区建设，充分发挥社区在城市管理中的功能，必须改革社区管理体制。改革的目标是通过转变政府职能，理顺政企、政社和社企关系，增进社会自治，建立与社会主义市场经济体制相适应的社区管理体制。为此，社区管理体制改革应从以下几方面着手：

（1）界定街道办事处的性质和职能。街道办事处作为政府的派出机构，不是一级政府，但又实际地承担着一级政府的职能，这是社区管理体制中存在的最大问题。重新界定街道办事处的性质与职能，就要使街道办事处作为政府的派出机构，重点管好自己该管的事，如市容和环境卫生管理、社区服务、社区综合治理、精神文明建设等。

（2）调整建制，下放权力。要对街道、居委会的建制根据形势的变化进行调整，使基层组织能够真正对居民管理到位。要从各地实际出发，针对中心城区和城郊结合地区、老城区和新建居民区的不同特点，调整街道和居委会的设置规模，建立和健全社区居民组织，使城市居民能够在新的体制下重新组织起来。

（3）加强社区管理组织的自身建设，提高社区管理组织的社区服务水平。街道、居委会要搞好社区管理，必须依靠自己的组织凝聚力和居民群众的自觉参与，而要提高街道、居委会的凝聚力和居民参与度又必须搞好社区服务和社区建设。

（4）提倡参与式管理。社区管理必须提倡广大社区居民的参与，包括让城市化过程中进城的外来人员参与社区服务和社区管理，增强社区意识，促进社区融合，增强广大居民对社区的认同感和归属感。社区可以通过基层民主选举、民主监督等形式让居民了解社区、关心社区,加强和社区居民的交流与沟通,赢得居民群众的理解与支持。同时,也可以激发广大居民参与社区建设的热情,提高社区的民主自治水平。

(5) 加强社区管理工作的制度化、规范化。这主要包括:健全居委会工作制度化、规范化运行机制;完善居委会选举制度;健全居民会议制度,坚持开好居民会议和居民代表会议,加强社区组织和广大居民的经常性联系;等等。

第九章 城市的未来与未来城市的管理

人类社会进入21世纪,城市的发展也呈现新的态势,进入了一个"未来城市"或所谓的"后城市化"阶段。在已经高度城市化了的西方世界,特别是那些城市化率在20世纪末就已超过80%的发达国家,城市发展的"后城市化"阶段可以说已经来临。未来的城市有新的形态、新的问题,未来的城市管理将被注入新的理念,发展出新的模式。

第一节 未来城市的可能形态

未来的城市是怎样的?不同的学科提出了不同的判断。可以肯定的是:在可以预见的未来,城市可能不再是过去和现在意义上的城市,城市发展所处的新的时代和新的环境,需要我们从根本上重新系统阐述我们既熟悉又显得陌生的城市。信息城市、全球城市、步行城市或无汽车城市、健康城市、生态城市、无形城市、安全城市、快速城市、边缘城市、时尚城市、海上城市、太空城市等都是城市发展的可能走向。

一、信息城市

信息城市是随着现代信息技术的发展和全球信息化而提出的一种未来城市模式。人类社会以发达国家为先导,已开始进入信息社会。信息的生产、加工和分配日益成为推动社会经济活动的主导方面,由计算机和电子通信相结合的技术手段,日益成为经济活动赖以进行的基础和先决条件。城市作为经济活动的载体,信息社会的特征表现得更为突出和明显,信息城市应运而生。[1] 所谓信

---

[1] 阎小培:《城市发展的未来趋势》,《国外城市规划》1998年第4期。

息城市,就是城市产业结构中占主要地位的产业是信息产业,从业人口的主要就业领域是信息产业,居民的主要生活和生产方式都是依赖信息技术的城市。

信息城市具有不同于其他城市的鲜明个性和特征。它是以信息产业、信息经济和信息文化为主要特征的城市。在信息城市,信息产业代替工业成为经济发展和社会进步的主要动力和财富,完备的信息网络是城市赖以生存的生命线;从事信息生产、交换和服务的人是城市的主要就业人员。[1] 伴随着这些重大变化,人们的生产生活方式与价值观念的变化也在悄悄地进行着。

不仅在产业结构方面,而且在信息基础设施、交通网络、城市功能、家庭与住宅等方面,信息城市都具有其独特的个性和特征。[2]

信息城市的信息基础设施,实际上就是指信息高速公路。目前,美国、日本和欧洲许多发达国家和地区都在大力发展信息高速公路建设,新加坡、韩国等新兴工业化国家以及中国台湾地区也都制定了各自的信息高速公路计划,并努力付诸实施。信息高速公路是前美国副总统戈尔在1991年提出的,称为国家信息基础设施。实际上它是一个全国性的光纤通信网络,采用全数字、宽频带、光纤网络,能传输广泛的电信服务。其实质是以现代通信和计算机技术为基础,建设一个以光缆为干线的覆盖全国甚至全球的高速通信网,以推动经济与社会的高速信息化进程。这是将电视、电脑、电话等结合在一起的新技术,它把电话的定向交换与传送信息的能力,同提供音像信息的光缆系统和数据库集成起来,实现信息传输的网络化、大容量化、快捷化以及信息的双向及多向交流。

信息城市的交通工具具有两个特点:一是低污染或无污染,二是智能化。整个城市的地下、地面以及空中将形成立体式交通网络,市内交通和市际交通各自分工,有条不紊。道路和停车场的用地将逐步缩小,退还给人类活动,绿地增多。信息城市的城市分区将非常鲜明,城市分为若干个城市单元。城市单元是构成城市的基本细胞,一个基本的城市单元将由两大部分组成:住宅和单元中心。每一个城市单元,实际上就是一个相对独立的基本工作、生活、服务圈。邮政系统也将大大扩大和改造,形成高技术化、大容量化和高效率化的邮政速递系统。各类专业速递公司也应运而生,各种速递业务和商业、制造业相结合,成为一个庞大的行业。

商业服务是城市的传统功能,但是在未来信息城市中,商业活动不断衰落,娱乐业将呈现出空前发达的景象。未来的人类将有更多的休闲、更多的娱乐和

---

[1] 吴江:《信息城市的若干特征和趋向》,《现代城市研究》1998年第5期。
[2] 苑剑英:《信息城市的物质形态》,《城市规划汇刊》1997年第3期。

更多的选择,当然生活和工作的节奏也更快。城市中将设有大型商业娱乐中心和大型综合服务中心。综合服务中心首先就是一个信息中心,构成了信息社会城市的基层节点。信息城市中的工作,主要是信息的采集和加工以及传播。因此,人们的工作也主要是在信息工作中心和家中完成。

信息城市强化着家庭和住宅的功能。未来家庭将接受众多的信息服务,成为社会和城市的信息"细胞"。服务的内容有:电子邮件、电子报刊、信息检索、多媒体通信、远程教育、远程医疗、远程电子游戏、视频点播、居家购物等。未来的住宅除了提供基本的蔽寒、吃住等生理满足外,对工作和娱乐、健身、聚会等,在空间、设施、环境等方面也有很高的要求。在未来的住宅中,工作空间将是比今日的起居室更重要的空间,人们将在这里度过大部分的工作和娱乐时间。这里不仅是书房,不仅是娱乐室,更是工作室和对外联系的窗口。

二、全球城市

随着经济贸易全球一体化趋势日益增强,全球城市或者说国际性城市作为世界的金融中心、贸易中心、产业中心,成为世界的支柱。

全球城市的概念最初是科恩在分析新的国际分工、跨国公司和城市等级之间的关系时提出的。他认为,全球城市是新的国际分工和跨国公司发展的产物。全球城市的基本特征体现在:[1]

1. 国际金融资本集散地

全球城市是国际金融资本的集散地,国内外经济的结合点,经济决策和指挥中心,是全球众多的跨国公司、跨国银行的全球与地区总部的所在地。

2. 第三产业为主的产业结构

全球城市具有产业结构合理、第三产业产值高的特点,且有发达的产品市场和良好的创新成果市场。

3. 专业化程度高的服务业

纽约、伦敦、东京等全球城市的服务业专业化程度很高。这些全球城市的服务业包括会计、广告、管理顾问、国际法律服务、工程服务、信息生产和服务以及其他商务服务等内容。

4. 高度发达的国际贸易

全球城市的进出口贸易额占所在国国民生产总值或国内生产总值的比重

---

[1] 褚劲风:《试论全球城市的基本特征》,《人文地理》1996 年第 2 期。

大,而全球城市所在国占世界贸易总额的比重也大。因此,可以认为,全球城市是国际贸易的中心。

5. 便捷的国际交通通信网络

全球城市一般都拥有全方位开放、通达性很强的交通、通信网络。海运是国际贸易、国际交流的最重要、最频繁的交通手段。

总之,全球城市的经济功能和相关服务功能都是全球性的。这些城市的经济和服务影响也是全球性的,超越了城市的地域和行政界限。[1]

三、生态城市

当今世界,伴随着城市化快速发展而出现的生态环境问题日益突出。如何协调城市发展与自然环境的关系,如何维持一个更加美好的生活环境,已经成为一个全球关注的热点。面对环境污染及自然资源危机日趋严重的形势,人们的生态意识逐步觉醒。20世纪60年代以来,人们的环境价值观念发生了重大变化,城市先进的标准由"技术、工业和现代建筑"转变为"文化、绿野和传统建筑"。美国的景观建筑师麦克哈格提出了以生态学原理为基础的环境理论和规划设计方法,开拓了研究和解决城市问题的新思路。80年代人们在讨论未来城市时,寻求的是节能、高效、低污染的持续发展的人类聚居形式。90年代后期人们更是提出了生态城市的概念,城市观念由单纯的自然优美环境趋向于全面生态化,包括自然生态、社会经济生态和历史文化生态的平衡协调发展。[2]

生态城市是根据生态学原理,综合研究社会—经济—自然复合生态系统,并应用生态科学、社会科学、系统工程等现代科学与技术手段而建设的社会、经济、自然可持续发展,居民满意、经济高效、生态良性循环的人类居住区。其中人与自然和谐共处、互惠共生,物质、能量、信息高效利用,技术和自然充分融合,人的创造力和社会生产力得到最大限度的发挥,城市居民的身心健康和环境质量得到最大限度的保护。

建设生态城市是人类保护自身生存环境的客观需要,是社会、经济和现代科学技术发展的必然结果,是实现全球和全人类可持续发展的必然选择。未来的生态城市与传统城市相比有着本质的不同,它具体表现为以下特征:[3]

---

[1] 黄肇义、杨东援:《未来城市理论比较研究》,《城市规划汇刊》2001年第1期。
[2] 黄光宇、陈勇:《生态城市概念及其规划设计方法研究》,《城市规划》1997年第6期。
[3] 董宪军:《生态城市论》,中国社会科学出版社2002年版,第42~44页。

（1）和谐性。生态城市的和谐性，不仅指经济、社会与环境发展的和谐，而且指人与自然的和谐，自然与人和谐共生，人回归自然、贴近自然，自然融于城市，同时还指人际关系的和谐。过去和现在，人类活动促进了经济增长，却没能实现人类自身的同步发展；相反，由于我们长期以来过多地强调经济增长，不仅使城市和人类赖以生存的自然环境遭到了破坏，而且使人类自身出现了异化和变态，人与自然、人与人的关系出现了紧张态势。生态城市要营造满足人类自身进化需求的环境，将充满人情味，充满浓郁的文化气息，拥有强有力的互帮互助的群体，富有生机与活力。生态城市不是一个用自然绿色点缀而僵死的人类居所，而是关心人、陶冶人的人居环境。

（2）高效性。生态城市一改现代城市"高能耗"、"非循环"的运行机制，提高一切资源的利用效率，物尽其用，地尽其利，人尽其才，各施其能，各得其所，物质、能量得到多层次分级利用，废弃物循环再生，各行业、各部门之间共生协调发展。

（3）持续性。生态城市是以可持续发展思想为指导的，合理地配置资源，公平地满足现代与后代在发展和环境方面的需要，不因眼前的利益而用"掠夺"的方式促进城市的暂时"繁荣"，也不为自身的发展而破坏区域的生态环境，而是保证城市发展的健康、协调、持续。从这个意义上说，生态城市必须也必然是可持续发展的城市。

（4）整体性。生态城市不是单纯追求环境优美或经济的繁荣，而是兼顾社会、经济和环境三者的整体效益，不仅重视经济发展与生态环境协调，更注重对人类生活质量的提高，是在整体协调的新秩序下寻求发展。

（5）区域性。一方面，生态城市本身不同于传统意义上的城市，而是一种城乡结合的城市，是一种区域城市。另一方面，生态城市必须融入区域之中。离开区域的自然和人文支持的孤立城市是无法实现生态化的。生态城市是建立在区域平衡基础之上的，只有平衡协调的区域才有平衡协调的生态城市。

（6）全球性。全球性是生态城市区域性的扩大。生态城市是以人与人、人与自然和谐为价值取向的，而要实现这一目标，全球必须加强合作，共享技术与资源，形成互惠共生的网络系统，建立全球生态平衡。"地球村"的概念就道出了当今世界不再孤立、分离的关系。全球性也映衬出生态城市是具有全人类意义的共同财富，是全世界人民的共同目标。当然，全球性并不是指全世界都按照一个模式去建设生态城市。生态城市要求的是按照生态原则去发展符合当地需要、具有本民族特点的、富有个性的城市。

四、健康城市

健康城市最初是从现代医学角度提出的未来城市模式。当今社会,经济的发展和科技的进步,使人们的整体健康水平有了很大的提高。但是,随着生产力的发展,人们认识的滞后伴之而来的是生态破坏、环境污染,一些不健康的生活方式和行为等危害健康的因素却在不断扩大,对人们的健康构成了潜在威胁。围绕大众健康这一目的,为适应医学模式的转变,世界卫生组织于1977年提出"2000年人人享有卫生保健"的发展战略,并得到了包括我国在内的世界大多数国家的承诺。1985年,欧洲一些国家和地区的城市应用了世界卫生组织提出的这一发展战略与健康城市模式,并落实到基层,已在欧洲一些城市中就如何改善环境和促进健康方面采取一致行动,取得了成绩,积累了相当多的经验,建立了大卫生观念和施行了健康为大众的欧洲政策。健康城市项目活动得到了世界卫生组织的赞同,并列入世界卫生组织欧洲办事处促进健康和环境卫生规划的重要组成部分,得到了世界卫生组织技术、经费的支持。[1] 世界卫生组织在1986年提出了全新的"健康城市"概念,在1996年又公布了健康城市的10条标准:(1)为市民提供清洁和安全的环境;(2)为市民提供可靠和持久的食品、饮水、能源,具有有效的清除垃圾系统;(3)通过富有活力和创造性的各种经济手段,保证市民在营养、饮水、住房、收入、安全和工作方面的基本需求;(4)拥有一个强有力的相互帮助的市民群体,其中各种不同的组织能够为了改善城市健康而协调工作;(5)能使其市民一道参与制定涉及他们日常生活、特别是健康和福利的各种政策和决定;(6)提供各种娱乐和休闲活动场所,以方便市民之间的沟通和联系;(7)保护文化遗产并尊重所有居民(不分种族或宗教信仰)的各种文化和生活特性;(8)把保护健康视为公众决策的组成部分,赋予市民选择有利于健康行为的权利;(9)作出不懈努力,争取提高健康服务质量,并能使更多市民享受到健康服务;(10)能够使人们更健康长寿地生活和少患疾病。

健康城市重点在于关注人、人的健康以及健康的生活,特别是关注如何通过人类自身的努力消除或减少城市病,使城市的发展给人类带来更多的健康机会,使城市成为能够不断创造和改善物质与社会环境、不断扩充新的公共资源并帮助人类在健康生活的各个方面都得到有力支持的可持续发展的人类居住区。这一概念已由传统的自然生态环境保护的单一内涵,扩展到环境、社会与人的有机

---

[1] 谢先国等:《推行健康城市为市民提供良好的生态环境》,《中国公共卫生》1997年第1期。

结合和协调发展。它把健康的环境作为支撑系统,把健康的社会作为保障环节,把健康的人群作为终极目标,其意义不仅超越了我国的"卫生城市"与"环保模范城市",而且也超越了欧美的"田园城市"与"生态城市",是继"田园城市"与"生态城市"之后、面向21世纪的全新的城市规划思想与理想的城市发展模式,对于现代城市规划设计与管理有着明显的导向作用。

健康城市规划必须以系统化原则统筹环境、社会与人这三大要素,充分考虑城市发展的环境承载力、历史沿革影响、居民人文背景以及区域地理特点和城市形象定位,从城市政治、经济、社会、文化、人口、生态、环境、卫生、土地、空间、住房、技术及信息诸角度出发,进行综合整体的规划,以真正创造面向21世纪的可持续发展的宜人居住区。符合健康城市要求的规划对策是:(1)建立簇状、多用途、宜于步行的生态居住区;(2)建立完善的城市生态支持系统;(3)建立城市土地利用优先取得制度;(4)建立清洁和安静的交通系统;(5)建立"人人享有适当的住房"政策;(6)建立城市环境保护战略;(7)建立城市防灾系统;(8)建立公众参与规划机制。[1]

五、可持续发展城市

未来我们所追求的城市发展,必须是经济发展与环境保护的统一、近期与长远的统一。坚持城市的可持续发展,对于城市经济、社会发展的意义是不言而喻的。在1992年联合国环境与发展大会上,人们赞同《我们共同的未来》中提出的可持续发展的定义:既满足当代人的需求,又不对后代人满足其自身需求的能力构成危害的发展。人们通常认为,可持续发展是经济—社会—生态复合系统的持续、稳定、健康的整体发展,包括经济、社会、生态可持续发展三个方面。联合国环境规划署执行署长伊丽莎白·达沃德斯威尔在1999年的年度报告中撰文指出:"必须十分明确,城市的命运不仅决定一个国家的命运,而且还要决定我们所居住的整个地球的命运。千万不要忽视城市的可持续发展,否则将一定会把全人类带入到一个危险的境地。"[2]

城市可持续发展是指城市市域范围内的经济、社会、生态可持续发展,主要

---

〔1〕 万艳华:《面向21世纪的人类住区:健康城市及其规划》,《武汉城市建设学院学报》2000年第4期。

〔2〕 《中国城市发展报告》编委会编:《2001~2002中国城市发展报告》,西苑出版社2003年版,第13页。

指城市经济发展与人口、资源、环境之间相互适应,经济、社会、生态三者协调发展,达到城市经济增长速度快,经济发展质量好,市容环境景观美,生态环境状况佳,市民实际收入多,人民生活水平高,社会治安秩序优,抵御灾害能力强的状态。[1]《中国21世纪议程》提出我国可持续发展城市的目标是:建设成规划布局合理、配套设施齐全,有利工作,方便生活,住区环境清洁、优美、安静,居住条件舒适的城市。

可持续发展城市强调发展中的社会、经济、环境均保持可持续性,既要满足当代人的现实需要,又要足以支撑后代人的潜在需求,不仅重视城市现状的发展,更注重城市未来发展的生命力。社会可持续性发展表现为生活质量、人口素质及健康水平与社会进步、经济发展相适应,人们有自觉的可持续发展意识和环境价值观,有一个保障人人平等、自由、教育、人权和免受暴力的社会环境。经济可持续性发展表现为采用可持续的生产、消费、交通和住区发展模式,实现清洁生产和文明消费,对经济增长,不仅重视增长数量,更追求质量的提高,保护和合理利用一切自然资源和能源,提高资源的再生和综合利用水平。环境可持续性发展表现为城市环境质量得到最大限度的保护,健康建筑得到广泛应用。可持续发展城市是能够供养人和自然的环境,其发展以保护自然为基础,与环境的承载能力相协调,保护资源和生命支持系统,城市的开发建设活动始终保持在环境承载能力之内。社会可持续性发展、经济可持续性发展和环境可持续性发展三方面相互关联而不可分割,构成可持续发展城市的本质内涵。建设可持续发展城市是人类保护自身赖以生存的环境、保护自然资源和节约能源的客观需要,是人、自然和谐发展的最好形式,也是社会、经济、文化和现代科学技术发展的必然选择。

第二节 城市管理的新模式

未来城市的发展及其出现的各种新的可能形态,使得政府如何有效管理未来城市,即探索新的城市管理模式的问题成为城市学界关心的热点。城市管理模式是在对城市管理体制、管理机制组合基础上,实现城市高效有序运行目标的特定方式的形态概括,是对城市发展历程和管理经验的总结。在城市化的世纪,

---

[1] 胡国亮:《我国城市可持续发展面临的问题与对策》,《华中理工大学学报》1998年第4期。

我们必须建立新的城市管理模式，以适应未来城市的发展。

一、市场化的城市管理模式

市场模式的基本观点是，私人部门的管理方法几乎可以说是与生俱来地优越于传统的公共部门的管理方法。[1] 城市政府效率低下的问题，长期以来都是人们抱怨的对象。那么，究竟该如何提高城市政府的组织效率呢？市场模式认为，最好的甚至惟一的方法就是运用建立在市场基础上的机制代替传统的官僚体制。

以市场模式的观点来看，传统的城市政府官僚体制存在的主要问题在于该体制无法提供一种充分的激励机制来鼓励政府成员高效地工作。在传统的官僚体制下，政府人员缺乏工作积极性，表现为懒散、怠惰。此外，官员们常常通过增加机关预算的方法来扩大自己的权力并从中谋取个人私利。

城市管理的市场模式被广泛认为能够解决传统城市官僚体制中存在的种种弊端。将市场模式应用于城市公共管理中是基于以下几点认识：

首先，相信市场能对城市各种社会资源进行高效率的配置。市场模式的倡导者认为，官僚体制和正式的法律手段都不一定是最好的、甚至是较好的政府干预的工具。他们倾向于认为，政府干预的手段越接近于市场模式，那么就越有可能得到更好的结果。

其次，官僚体制存在着诸多缺点。由于政府官员对自身利益的关心，必然导致官僚体制趋向于过度膨胀，以为公众服务为由而耗费的财政经费不断增加。如果允许其他的竞争者提供同类服务的话，那么就会刺激官僚机关控制其生产成本，提高效率去战胜竞争对手。

再次，运用于私人部门的组织和激励人员的机制，同样也适用于公共部门。新公共管理理论认为，行政机构实际上是为行政系统固有的低效率和特权进行辩护的工具。该理论的倡导者认为，优秀的管理者通过利用私人部门的管理技术和激励手段，能够创造出一个低成本、高效能的政府。

朝着以市场为导向的政府发展的趋势，是信息时代的直接产物。城市政府时时刻刻需要处理大量的信息，不断作出各种决策，层级制的官僚政府对此无能为力，而市场模式下的政府却能应对自如。

---

[1] 盖伊·彼得斯：《政府未来的治理模式》，中国人民大学出版社 2001 年版，第 25 页。

二、注重参与的城市管理模式

伴随着民主化进程的加快,民众要求参与城市管理的呼声也不断增强。在未来的城市管理中,如果没有公众的积极参与,城市政府的管理活动将很难进行。如同垄断是市场模式的障碍一样,参与模式的倡导者认为层级制是最直接的罪恶。传统官僚体制的层级制、自上而下的管理模式大大限制了公务人员对所从事活动的参与,使他们对政府产生距离感,也降低了他们对组织的承诺。在旧的模式下,大量有能力、有才华的公务人员得不到很好的使用,而那些被埋没的思想和才华如果能得到适度的发挥,那么政府将会表现得更好。

参与模式倡导者主张,要使政府的功能得到更好的实现,最好的方法就是鼓励那些一向被排除在决策范围外的政府组织成员,使他们有更大的个人和集体参与空间。[1] 因为从某种程度上讲,公共部门所提供的服务质量取决于工作过程中的成员参与程度、合作程度,而不是取决于政府工作人员个人提供的服务。由此,不论是在城市管理中的各种问题的确立上,还是在具体执行解决问题的各项方案上,都必须让更多的政府成员及广大民众参与进来。

参与模式还认为,城市政府组织的结构应该趋向于扁平,减少不必要的中间层级。如果现存的城市政府层级制有更多的分权,那么公众将会过得更好。此外,公共利益也可以通过鼓励政府成员、民众对决策和执行的最大限度的参与得到体现。更好的决策与执行更多地取决于公众参与,而不是依赖官僚或技术人员。

参与模式的提出不仅与民众民主意识的逐渐增强有关,而且还与面对日益复杂多样的管理活动,城市政府自身管理的能力有待增强有关。以往的城市管理主体是单一的,主要由城市政府包办一切管理事务。如今,面对人们生活、工作、休闲、娱乐各方面需求的增加,城市政府越来越感觉到管理起来力不从心。由此,居民自治组织以及一些非营利性组织逐渐崛起,并发挥着不可忽视的作用。

在市场经济国家中,政府的一个重要原则就是不与民争利,凡是民间可以发展的项目,政府一般不参与。政府的作用主要是通过间接方式分担民间投资的风险,通过制定相关规则创造良好的政策环境与市场环境。[2] 城市政府应当积

---

[1] 盖伊·彼得斯:《政府未来的治理模式》,中国人民大学出版社2001年版,第60页。
[2] 严浩:《我国城市社区发展政策研究》,中国计划出版社2002年版,第154页。

极为居民自治组织和非营利组织参与公共管理提供各种便利渠道,鼓励并规范、引导它们朝着有利于城市经济、社会进步的方向发展。

三、弹性化的城市管理模式

弹性化的城市管理模式的提出,显然借鉴了管理学中权变理论学派的重要思想。权变理论是20世纪70年代西方管理学界提出的一种企业管理的理论,又被称为"情景管理理论"、"形势管理理论"、"情况决定论"。该理论的核心是,在现实中不存在一成不变、普遍适用的理想化的管理理论和方法,管理应该随机应变,即采用什么样的管理理论、方法和技术应当取决于组织所处的客观环境。这种理论的出现适应了经济、政治、科技、社会等组织环境复杂多变对管理的要求,对管理实践有较强的指导意义。

在城市管理中引入权变理论,采用一种弹性化的城市管理模式就要求城市政府具有很强的应变能力,根据不断变化的环境制定出相应的政策,及时有效地回应客观环境提出的各种新挑战。

近年来,城市政府危机管理日益受到人们的重视。危机管理就是要通过及时准确的信息、决策和执行行动,有效地预防和预知危机的发生,控制危机的规模,妥善处理危机的局面,以最大限度地减少危机发生的可能性以及最小限度地控制危机发生后的可能损失。城市政府要从容、有效地解决自身发展过程中遇到的种种突发事件,确保城市的稳定发展,就需要采取机动灵活的弹性化管理模式。

具体来说,弹性化的城市管理模式首先体现在城市政府的组织机构上多采用临时机构,比如特别委员会、项目小组等。这种临时机构主要解决一些偶尔出现的、无经验可循的非常规性问题。它能根据特定工作需要,集中各种专门的人才、知识与技能,短期内迅速完成特定的重要任务,而成员在完成特定任务后就回到原来部门,既防止了机构膨胀,也节省了大笔财政开支。此外,在弹性化管理模式下,即使那些政府常设机构的规模也是随着客观需要的变化而进行相应扩张或收缩的。

其次,弹性化的城市管理模式还体现在决策问题上。城市政府在管理过程中,针对不同的问题采取不同的决策方式,需要跨部门进行决策时就建立临时性协调组织。这种临时协调组织可以很方便地在各部门间进行沟通协调,使各部门在决策目标、决策方案以及执行决策的途径、方法和步骤等问题上达成一致,从而保证政府各项管理活动的顺利实施。

信息时代的到来,使社会各方面都发生了深刻的变化,并且这种变化还将一直持续下去。变幻莫测的社会环境对城市政府的管理活动提出了严峻挑战,使城市政府采取弹性化管理的模式成为一种客观选择。

四、注重绩效的城市管理模式

如何提高绩效,是现在和将来的城市政府管理的核心问题。曾经被广泛应用到企业中的绩效管理逐渐在政府管理中得到重视和推广。政府绩效的要求可以简单概括为"3E":经济、效率和效益。"3E"涉及政府管理活动的四个方面:成本、投入、产出、效果。政府部门从事管理活动耗费的人力、物力、办公设施和设备等是投入;获得和维持这些人力、物力、设备所花的资金就是成本;产出既可以是决策活动的产出,如制定的法规实施细则和计划,又包括执行活动,如建设项目的审批、违规企业的处罚等;效益则主要体现为社会经济等方面环境的改善、企业和公民满意程度、人民生活的舒适程度等。[1]

绩效管理注重管理活动产生的最终结果,强调竞争、分权对提高管理效率的重要性。它对城市政府的管理具有以下几方面的作用:

(1) 绩效管理具有计划辅助功能——管理计划和具体目标的确定要参照多方面的信息,其中之一是有关部门前一阶段的绩效状况。绩效管理满足了这方面的信息需求,某一阶段的评估结果为下一阶段计划的科学制定提供了基础。

(2) 绩效管理具有监控支持功能——行政管理工作走出计划而进入实施阶段后,必须时时对执行情况进行严密的监测,如发现背离计划的情况,就要预测它的可能后果并采取相应的控制措施。绩效管理在这里的作用主要表现在,为评估而拟定的绩效标准及据此收集的系统资料,为监控提供一个重要的、现成的信息来源。

(3) 绩效管理具有促进功能——测量自己工作效果的组织情况,即使未把拨款或报酬同效果联系起来,也会依据测量得到的信息促使有关部门适当改变管理方法。

(4) 绩效管理具有激励功能——美国学者曾引用许多实践案例,对绩效管理的激励功能作了这样的说明:若不测定效果,就不能辨别成功还是失败;看不到成功,就不能给予奖励;不奖励成功,就可能是在鼓励失败,鼓励失败的结果是

---

[1] 中国行政管理学会联合课题组:《关于政府机关工作效率标准的研究报告》,《中国行政管理》2003年第3期。

产生荒谬的刺激,导致组织绩效每况愈下。

(5) 绩效管理具有资源优化功能——在缺乏关于效果的客观资料的情况下,当政治领导人在决定加强某个领域的工作时,往往不知道把新增加的资金投向何处;当他们在削减预算时,又不知道削减的是"肌肉"还是"脂肪"。绩效管理有助于科学设定目标并根据效果来配置资源。[1]

注重绩效的城市政府管理模式,不仅可以大大提高政府自身的管理效率,而且可以使城市政府能够更好地为经济建设服务、为社会发展服务、为人民大众生活水平的提高服务。

第三节 大都市区的管理

城市的发展从最初的仅具有军事防御和政治统治功能的小堡垒,到初具规模的经济、政治和文化中心,再到随处可见的功能齐全、设施完善的大都市,这一历程表明了人类不断对客观世界进行改造所取得的累累硕果。

大都市区的出现,是城市规模扩展、功能壮大的客观结果。它是由一定规模以上的中心城市以及与其经济社会联系密切、非农产业发达的外围地区共同组成的、具有较强城乡一体化倾向的城市功能地域。[2] 显然,在大都市区发展过程中,中心城市扮演着重要的角色,发挥着主导作用。对大都市区的管理,重点是对中心城市进行有效的管理,使其在大都市区的发展中发挥应有的引导、推动作用。

一、行政区划的适度调整

我国现行的行政区划存在着诸多问题,一定程度上限制了大都市区的发展空间与发展潜力,影响了对大都市区的有效管理。这主要体现在:大城市区划空间过小,人口密集度过高,制约了中心城市集聚和辐射功能的发挥。[3] 在整个

---

[1] 中国行政管理学会联合课题组:《关于政府机关工作效率标准的研究报告》,《中国行政管理》2003年第3期。

[2] 黄勇、朱磊:《大都市区:长江三角洲区域城市化发展的必然选择》,《浙江社会科学》2003年第2期。

[3] 钱建新:《城市化进程中的行政区划调整问题》,中国行政区划网,2003年1月31日。

城镇体系中,大城市的发展起着枢纽的作用,联动着整个城镇群的发展。但由于我国长期形成的二元经济结构,在制度安排上采取严格控制大城市发展的方针,使得在行政区划中大城市的发展空间过小。过小的行政区域空间造成的结果势必带来城市边缘区的杂乱无章,带来城市质量的下降。没有一个合理的城市发展空间,就会造成城市土地地价不合理上升,环境恶化,管理、生活水准也都受到很大影响,最终导致企业外迁和资金外流。一般来说,城市经济具有典型的规模收益递增的特点,城市规模越大,效率越高。美国 3/4 的制造业和服务业聚集在大都市区,日本 80% 的经济总量集中在大都市圈。这种大都市区或城市群,1990 年全世界已有 34 个,其中发展中国家有 23 个。我国人口众多,适度发展大城市,扩大大城市的区域空间,是我国城市化道路的现实选择。特别是东部沿海地区,扩大城市的发展规模,不仅是大城市经济发展的内在需要,而且也有利于加快大城市与国际经济的接轨。因此,我国行政区划的调整是城市化发展和对大都市区进行有效管理的必然要求,势在必行。

在行政区划的调整与改革中,需要注意遵循以下原则:[1]

(1) 有利于社会稳定的原则。行政区划改革是一项复杂的社会系统工程,其调整的涉及面十分广泛,涉及人们日常生活、民族政策、干部安置、群众心理等方面,政策性、敏感性都很强,盲目频繁的变更容易造成干部群众的人心浮动,造成社会的不安定。因此,行政区划的改革一定要贯彻有利于社会稳定的原则。

(2) 有利于经济发展的原则。行政区划的划分要服从和促进经济建设的需要,尽可能地与自然形成的经济区相吻合,并贯彻有利于国土资源开发利用的原则。中国现有的行政区,有不少与自然形成的经济区不相一致或不相协调,典型的例子如:汉中不适当地划入陕西,河南拥有黄河之北的地块,江苏与安徽横跨长江与淮河,太湖流域分属江苏和浙江两省,洪泽湖由江苏和安徽两省分割,张北高原归入河北,等等。这些都不利于经济的进一步发展,不利于国土资源的合理利用。

(3) 有利于民族团结的原则。中国是一个多民族的国家,各民族在中华民族的形成和发展中都作出了各自的贡献,形成了相互尊重、和睦相处的历史传统。因此,行政区划的改革要有利于维护各族人民的团结统一,有利于民族区域自治政策的贯彻实施,有利于加快少数民族地区的社会经济发展步伐,缩小各民族经济上、文化上的差距,实现各民族之间的平等、繁荣,走共同富裕之路。

---

[1] 参见段七零:《中国现行行政区划的问题分析与改革探究》,《扬州教育学院学报》2003 年第 1 期。

（4）有利于行政管理的原则。就中国目前的行政管理而言，主要问题是层次过多、管理幅度过小。层次过多必然助长官僚主义，不利于上下通气，不利于提高行政管理的工作效率，不利于中央政府统一领导。管理幅度过小，必然导致层次重叠，人浮于事，脱离群众，脱离实际，权力过分集中。因此，行政区划的改革要有利于这些问题的解决，有利于提高行政管理效率。

在遵循以上原则的前提下，行政区划调整应该适当扩大大都市区的空间，充分发挥大都市的辐射带动能力。具体说来，行政区划调整可采取以下三种方式：[1]

第一种方式是一个比较谨慎和便捷的方式，是在城市周边地区划进若干个建制镇。浙江在推进城市化进程中，杭州、绍兴都采取了这种做法。杭州在余杭、萧山两市划进6个镇，扩大了行政区域范围，实现了跨钱塘江发展战略。绍兴市从绍兴县划进5个镇，市域面积由原来的105平方公里扩大到300多平方公里。这种摊大饼式的城市扩张方式，好处是紧连母城，基础设施可以共享，开发成本较低，有利于集聚人气，发展第三产业。缺点是如果城市建成区面积过大，摊大饼式地向外延伸，容易给城市管理、市内交通、环境建设等方面带来比较大的压力。

第二种方式是发展卫星城。以大城市为核心，建设若干个卫星城，形成城市群或城市带模式。这可以在相邻不远的县城中加以培育。1994年，国务院批准浙江台州撤地建市，在椒江、黄岩、路桥"金三角"地带建立组合型的台州市，椒江、黄岩由原来的县改为区，路桥镇升为区。现在经过多年的建设，一个大城市架构已拉开，其发展势头日益看好。发展卫星城的好处是大城市直接带动了周边城市的发展，既避免了摊大饼式城市扩张方式给城市管理带来的难度，又扩大了城市的发展空间。特别是城市轨道交通和私人汽车发展起来以后，大城市周边的卫星城极具发展潜力。

第三种方式是使各类开发区成为大城市的新区。开发区可以说是实现城市化的一种特殊形式，采取企业化运作的集中开发模式，其速度和效益比摊大饼式城市扩容要高得多、大得多。其主要缺点是一些开发区远离母城，封闭运行，变成了单一的工矿区，与母城的照应和联动发展相对差一些，母城的基础设施、第三产业的发展难以与其共享。在大城市的发展中，要对开发区的区位功能作适当调整，努力使开发区成为城市发展的新区。

---

[1] 钱建新：《城市化进程中的行政区划调整问题》，中国行政区划网，2003年1月31日。

二、国外大都市区管理模式

大都市区具有单个城市所不具有的由于城市地域扩大引发的城市问题,即大都市区问题,它涉及整个区域内中心城市与郊区之间的分合问题,相互间的政治、公共服务、规划等的协调问题。构建中国大都市区的新型管理机制,应当认真借鉴和吸收国外、特别是西方发达国家大都市区管理的经验和理论。西方发达国家特别是美国,在其大都市区管理实践中,发展出了多种大都市区管理模式,主要有松散、单一组织的大都市区管理模式,统一组织的大都市区管理模式,完全单层大都市区管理模式,双层制大都市区管理模式。[1]

1. 松散、单一组织的大都市区管理模式

纽约大都市区是施行松散、单一组织的大都市区管理模式的一个典型例子。纽约大都市区由纽约州、新泽西州北部及康乃狄克州南部地跨三州的24个县组成,总人口1800多万,是世界上最大的城市密集区之一。曼哈顿是纽约大都市区的核心。早在1898年纽约就和它周围的4个县联合组成了大纽约政府,但直至目前,仍没有形成统一、具有权威的大都市区政府。虽然如此,但其仍然存在着一些有限度的区域合作。例如,1921年纽约州和新泽西州联合成立的港务局,至今仍操纵着区域内多数交通运输设施,其12名委员由两州的州长任命,财政上则是独立的。1929年成立的区域规划协会只是一个私人的非营利团体,因而无任何行政职能。1971年由三方政府成立的三州区域规划委员会由于没有得到区域内各地方政府的认可而最终在里根政府时瓦解了。成立于20世纪60年代的纽约大都市运输局历经千辛终于在80年代成为州政府直接控制的区域性协调机构,建立了相对良好的外部环境。此外,针对一些具体的区域性问题,如供水、排水、垃圾处理等,各种专门的协调组织也在不断产生、变化以及消亡。在纽约大都市区展现的是一种松散而无统一的行政主体,以专门问题性的协调组织运行为主的管理模式,它们只愿意通过各种共同建立的专门机构去处理区域问题,管理大城市,但不去建立一个管辖全部事务的大都市政府,即只建立管理体制,不愿意建立政府机构。这两者的脱节是造成大都市区调控缺乏力度的重要原因。

---

[1] 靖学青:《西方国家大都市区组织管理模式——兼论长江三角洲城市群发展协调管理机构的创建》,《社会科学》2002年第12期。

2. 统一组织的大都市区管理模式

华盛顿大都市区是施行这种统一组织的大都市区管理模式的典型城市化地区。华盛顿大都市区包括哥伦比亚特区（核心区）及马里兰州、弗吉尼亚州的 15 个县市，在美国大都市中人口规模排名第四。华盛顿大都市区的区域合作比美国多数大都市区更进一步，形成了统一正规的组织——华盛顿大都市区委员会，这与其作为联邦首府所在地而受到相对强烈的政府调控影响和成员政府间具备较强合作意识有密切的关系。该组织组建于 1957 年，目前已发展成为包括 18 名政府成员、120 名雇员、年预算 1000 万美元的统一正规组织。其财政来源于联邦和州的拨款（60%）、契约费（30%）、成员政府的分摊（10%）。该组织职能众多，从交通规划到环境保护，解决了许多公众关注的区域问题。虽然它也是一个没有执法权力，由县、市政府组成的自愿组织，但由于其较好地解决了区域问题并为成员带来了实质性的利益，因而是一个相对稳定的联合形式。

3. 完全单层大都市区管理模式

这种管理模式以杰克森维尔大都市区最为典型。杰克森维尔大都市区包括杜维尔、克雷、南索和圣约翰 4 县，而杰克森维尔市与其所在的杜维尔县则完全合并形成了单层的大都市政府。合并前的市、县各自负责不同的事务，但互有交叉，效率很低，而在水、大气污染、垃圾处理、供电、交通、土地利用规划等区域问题上又面临着极大的矛盾，促使县市联合、共同处理所面临的区域问题。本着经济高效、管理高效、政治负责、社会政治公平和减少地方政府数目的原则，1967 年选民接受了市县合并形成单一机构的大都市政府。合并不只是地域上的统一，而且也产生了长期的规模经济，降低了政府运行的成本。

4. 双层制大都市区管理模式

迈阿密城市地区是施行双层制大都市区管理模式的典型例子。迈阿密位于佛罗里达州南部的戴德县境内，迈阿密大都市区包括了佛罗里达南部的 3 个县。由于第二次世界大战后城市急剧向农村扩展，市县分治给迈阿密市和戴德县双方政府带来沉重的经济负担，人们对两县市紧密合作的要求日趋强烈。在这种背景下，1957 年戴德县与迈阿密市形成了双层制的大都市政府，即县（区域）内非城市地区的所有服务均由大都市政府（上层）提供，而 27 个自治市的公民接受他们所在市（下层）和大都市（上层）的双层服务，上层政府承担了少量的区域范围服务，资金来自整个大都市区范围的相关税收及那些非自治市地区的特别税，而下层政府承担了更具体的公共服务工作。这个双层制政府管辖与服务的面积是 5200 平方公里，总人口 192.8 万（1990 年）。政府领导机构由全体公民选出的 9 名理事组成，并且是双层制大都市政府的最高决策机构。在理事会下设有常任委员会,协调解决财政、政府间关系、交通、环境和土地利用、社区事务等各项工作。联合的双层制政府体制并不是严格的区域、城镇政府等级隶属制,在两个层次之间有明晰的分权。采取双层制结构体制使人们认识到了统一全地区所有共有职能的必要性,而同时又希望能在地方事务方面保存地方的和私人的经营和管理。由于它与大多数西方国家的行政管理体制及经济运行体制较为吻合,因而也成为西方大都市地区普遍采用的一种协调组织模式。

三、中国的大都市区及其管理模式创新[1]

改革开放以来,中国经济社会结构发生了深刻变化,大都市区也迅速成长和发展。1998年底,全国共有建制市668个,其中100万人以上的特大城市37个,50万~100万人的大城市48个。如果将非农人口100万以上的中心城市地区界定为都市区,则中国共有30多个都市区,在特大城市密集的地区构成大都市区。中国已形成的特大型都市区都分布在东部沿海地带,自北向南主要有:(1)辽中南都市区。以沈阳、大连为核心,构成沈(阳)—抚(顺)—本(溪)—辽(阳)—鞍(山)—营(口)—盘(锦)—瓦(房店)—大(连)块状城市连绵区。(2)京津唐都市区。以北京、天津为核心,构成包括内圈(北京—天津—唐山—廊坊)、外圈(秦皇岛—承德—张家口—保定—沧州)相组合的块状都市区。(3)长江三角洲都市区。以上海、南京、杭州为核心,构成宁(波)、绍(兴)、杭(州)、嘉(兴)、湖(州)—沪(上海)—苏(州)、(无)锡、常(州)—(南)通—泰(州)—宁(南京)、镇(江)、扬(州)—马(鞍山)、芜(湖)、铜(陵)的巨型城市连绵区(带)。(4)珠江三角洲都市区。以广州、深圳为核心,构成包括香港、澳门、深圳、珠海、东莞、佛山、中山、江门、肇庆等城市组成的块状都市区。以上四个都市区城市密集,中心城市分别是直辖市或副省级的特大城市,是中国发育最完善的都市区。除了这四个大都市区以外,正在形成的都市区还有:(1)胶济—津浦(山东境内济南以南)铁路沿线及胶东半岛城市密集区。以济南、青岛为核心,以胶济、津浦铁路为骨干,正在形成龙(口)、烟(台)、威(海)、莱(阳)、青(岛)—淄(博)、青(州)、潍(坊)—济(南)—泰(安)、(莱)芜、新(泰)—济(宁)、兖(州)、曲(阜)等条状城市密集区。(2)闽东南沿海城市密集区。以福州、厦门为核心,正形成福(州)—莆

---

[1] 参见刘君德:《论中国大陆大都市区行政组织与管理模式创新——兼论珠江三角洲的政区改革》,《经济地理》2001年第2期;刘君德:《中国行政区划的理论与实践》,华东师范大学出版社1996年版,第187~189页。

（田）—泉（州）—厦（门）—漳（州）等沿海条状城市密集区。此外，在中、西部地区，以武汉为核心的江汉平原，以成都、重庆为核心的成渝地区，以西安为核心的关中平原，以郑州为核心的豫西北铁路沿线地区，以长（沙）、株（洲）、（湘）潭为核心的湘东北地区，以哈尔滨为核心的松嫩平原地区等，也在不同程度上发育着规模较小的都市区。

中国的都市区可划分为以下三种类型。(1) 统一型都市区：即以一个超级城市为中心，形成完整的政区等级系统的大都市区，主要是中央直辖市，即上海、北京、天津和重庆。其特点一是规模大，二是单中心，在一个都市区内形成完整的行政区等级系统。直辖市是省级行政单位，下设区，但不设市，在市区实行"市—区—街道"、"两级政府，三级管理"模式；在郊区则实行"市—县（区）—镇（乡）"、"三级政府，三级管理"体制。(2) 松散型都市区：以一个特大城市或大城市为中心，区内有多个县级市，实行市管市体制的都市区。主要是省会城市和发达地区的地级市，中心城市人口规模相对较小，市区非农人口一般在100万以上。这类都市区全国大约有30多个，其所辖县级市大多由县改设形成。国务院批准其设市时一般为直属，由地级市代管。这类县级市都有相当部分享有独立的经济管理权限，与地级市的关系有些是紧密的上下管理关系，有些则是松散的管理关系。都市区内利益矛盾较多。(3) 独立型都市区：以两个或两个以上相同行政等级的大（中）城市组合形成的都市区。主要是都市连绵区（带）。集中分布在中国东部经济较发达城市密集的地区。沈阳—大连、北京—天津、广州—深圳—珠海、长沙—株洲—湘潭等以及长江三角洲的宁波—绍兴、杭州—嘉兴—湖州、苏州—无锡—常州、南京—镇江—扬州等。从行政等级看，每个都市区都有2~3个独立的地级市，下辖若干市（县）；同一都市区内，各地级市相距较近；规模差距较小。地级市之间、地级市与县级市之间利益矛盾比较多。

与国外许多大都市区相比，中国都市区具有以下显著的特点：一是在都市区内除城市化地域外，包含有广大的农村地域空间。农村人口在都市区总人口中占有很大比重。二是中国的都市区大多为"建制市密集区"，实行的是"市管市（县）"体制，自上而下的行政色彩很浓，行政区划对城市/区域发展，包括规划、建设和管理产生明显的刚性约束，政府不仅是地方的行政主体，而且对经济、社会发展产生强烈影响。三是由于在转轨时期中国"行政区经济"规律的作用，对推进市场经济体制，在都市区内实现区域经济一体化带来巨大的障碍。

在中国的大都市区，目前的行政区划、组织和管理体制已经不适应发展的需要，特别是现阶段在从传统的计划经济体制向市场经济体制转变的过程中，企业经营的独立自主地位尚未完全确立，地方政府的经济行为十分明显，本位主义严重,从而为城市间的紧密合作、协调发展制造了主观上的障碍。因此,改革现行都市区行政组织和管理体制,适应社会经济发展需求,寻求一条适当的途径,解决我国目前都市区管理中的诸多问题,具有重要的现实意义。根据目前的状况,中国大都市区行政组织和管理中存在的问题按其表现形式分为三大类:行政地位和经济实力相当的城市之间的畸形竞争;存在行政隶属关系的城市之间的利益冲突;无行政隶属关系,经济实力不相当的城市之间的不规范竞争。

中国大都市区管理模式的创新应该遵循管理学、经济学原理和城市发展规律,结合我国的具体国情,综合分析我国都市区发育的现状和存在的问题,借鉴西方发达国家大都市城市管理的经验与教训,可以采用的方案有:

(1) 建立高度集权的都市区政府。即在城市政府之间通过兼并或合并的方式,建立一级介于省和市之间的行政机构,负责都市区内各项职能。其优点在于:第一,这种高度集权的都市区政府的建立有利于各项决策得以迅速贯彻实施。第二,有利于都市区的统一计划,能够充分利用各城市的资源、财力,有效地结合各个城市的公共服务项目,形成城市公共服务的规模效应,以满足城市居民的界外需求。但是,这种高度集权的都市区政府,增加了一级层次,极易导致行政机构数量增加,从而降低行政效率,也与我国目前的精简机构政策背道而驰,并可能导致政府对经济新的行政干预。而且,高度集权的都市区政府的建立,容易形成地方整体利益高于一切的倾向和陷入等级化的官僚结构危机,难以代表不同利益,从而抑制部分城市的发展,忽视人们的不同需求和偏好,造成都市区内新的冲突。另外,城市职能的过分集中使城市政府对居民和低层机构的反应迟钝,容易导致决策的盲目性,影响行政管理整体效率。

(2) 建立松散的城市协调机构(非政府机构)。针对都市区难以统一行使跨界职能的状况,建立负责跨界职能的一些非政府机构协调体。其优点为:第一,由于这些机构的建立都是众城市谋求特定的公共服务经济效益的结果,因而较易满足市民的各种需求和偏好。第二,这些机构一般规模较小,便于市民参与和监督,因而对市民的反应灵敏,有利于增强决策的透明度和针对性。第三,由于协调机构不仅规模小,而且为非政府机构,有利于保持机构调整的灵活性,保证其新陈代谢机制。但是这种松散的城市协调机构的非政府性很难实现都市区内跨越行政界线或功能区界线的更大范围的公共服务合作。在我国目前特定环境下,缺少一定的行政干预,仅凭协调机构行使管理职能,由于缺少相应的行政干预力量,决策实施的效果难以预测。如此,都市区公共服务的规模效益必然大打折扣,如果处理不当,还会出现协调机构无功而返,被迫撤除,从而重陷甚至加深都市区原有困境。在国务院支持下,上海经济区成立几年后被迫撤销就是一个典型事例。

（3）建立仅限于跨界职能的联合政府。针对都市区难以统一行使跨界职能的状况，建立具有一定行政职能的城市联合政府，以协调政府间的利益，切实解决政府之间的公共服务问题，我们也可以把它称之为"都市联盟"。它的优点在于兼顾了前两种方案的一些长处：既注意对人们界外需求的满足，又不限制城市政府非跨界职能的行使，从而满足人们的不同需求；既保持了部分行政干预力量的存在，又防止了行政机构的过分臃肿等。虽然，仅具备一定职能的城市联合政府有别于高度集权的都市区政府，从整体上大大减小了其负面效应，但某些跨界职能机构，在一定程度上仍将会存在或部分存在与都市区政府内容大致相同的弊端。

以上三种模式各有利弊，应依据实际情况因地制宜，选择不同的模式，但一般认为第三种模式可能更适合作为我国目前都市区行政组织和管理体制改革的主体模式。

参 考 文 献

1. [英]K.J.巴顿著:《城市经济学——理论和政策》,商务印书馆1984年版。
2. 本刊课题组:《资本主义的新变化及其本质上的腐朽性——二论资本主义发展的历史进程》,《求是》2001年第4期。
3. [意]L.本奈沃洛:《西方现代建筑史》,天津科学技术出版社1996年版。
4. 奥吉尼斯·布瑞汉特、艾德·弗兰科:《城市环境管理与可持续发展》,中国环境科学出版社2003年版。
5. 程红著:《城市市场与经济发展研究》,华文出版社2001年版。
6. 曹洪涛、储传亨:《当代中国的城市建设》,中国社会科学出版社1990年版。
7. 褚劲风:《试论全球城市的基本特征》,《人文地理》1996年第2期。
8. 陈建华等:《论中国政府的危机管理》,《江汉论坛》2003年第11期。
9. 陈礼勤等:《城市人口与计划生育工作管理机制的演变及内涵》,《南京人口管理干部学院学报》2003年第1期。
10. 陈勇:《城市的可持续发展》,《重庆建筑大学学报》1998年第2期。
11. 程玉申:《中国城市社区发展研究》,华东师范大学出版社2002年版。
12. 戴成贵、张妙娟:《完善城市人口管理的思路——以温州市为例》,《城市问题》2000年第5期。
13. 丁健:《现代城市经济》,同济大学出版社2001年版。
14. 段七零:《中国现行行政区划的问题分析与改革探究》,《扬州教育学院学报》2003年第1期。
15. 邓伟志:《当代"城市病"》,中国青年出版社2003年版。
16. 董宪军:《生态城市论》,中国社会科学出版社2002年版。
17. 顾朝林:《城市社会学》,东南大学出版社2002年版。
18. 耿毓修:《城市规划管理与法规》,东南大学出版社2004年版。
19. 胡长龙编著:《城市园林绿化设计》,上海科学技术出版社2003年版。
20. 胡长龙主编:《园林规划设计》,中国农业出版社1995年版。
21. 胡国亮:《我国城市可持续发展面临的问题与对策》,《华中理工大学学报》

1998 年第 4 期。

22. 黄光宇、陈勇:《生态城市概念及其规划设计方法研究》,《城市规划》1997 年第 6 期。
23. 黄光宇、陈勇:《论城市生态化与生态城市》,《城市环境与城市生态》1999 年第 6 期。
24. 郝觐桓、张英华主编:《现代经济管理》,南开大学出版社 1994 年版。
25. [美]沃纳·赫希著:《城市经济学》,中国社会科学出版社 1990 年版。
26. 黄勇、朱磊:《大都市区:长江三角洲区域城市化发展的必然选择》,《浙江社会科学》2003 年第 2 期。
27. 黄肇义、杨东援:《未来城市理论比较研究》,《城市规划汇刊》2001 年第 1 期。
28. 建设部城乡规划司编:《城市规划决策概论》,中国建筑工业出版社 2003 年版。
29. 金太军等:《我国城市社区管理的现状及对策》,《中国行政管理》1998 年第 3 期。
30. 纪晓岚:《论城市本质》,中国社会科学出版社 2002 年版。
31. 靖学青:《西方国家大都市区组织管理模式——兼论长江三角洲城市群发展协调管理机构的创建》,《社会科学》2002 年第 12 期。
32. 康德琯、鲁照旺主编:《国民经济管理学新编》,中国政法大学出版社 2001 年版。
33. 康少邦等编译:《城市社会学》,浙江人民出版社 1986 年版。
34. 李保军:《略论城市社区管理》,《城市问题》1998 年第 4 期。
35. 李德华主编:《城市规划原理(第三版)》,中国建筑工业出版社 2001 年版。
36. 联合国全面审查和评价《生境议程》实施情况的大会特别会议筹备委员会第一届会议临时议程项目;《健全的城市管理:规范框架》,http://www.un.org/chinese/events/Habitat/15.html。
37. 刘君德:《论中国大陆大都市区行政组织与管理模式创新——兼论珠江三角洲的政区改革》,《经济地理》2001 年第 2 期。
38. 刘家玢等:《强化城市社会管理研究》,《理论与改革》1997 年第 9 期。
39. 李嘉乐:《园林绿化小百科》,中国建筑工业出版社 1999 年版。
40. 雷洁琼主编:《转型中的城市基层社区组织》,北京大学出版社 2001 年版。
41. 李经中:《政府危机管理》,中国城市出版社 2003 年版。
42. [美]罗伯特·赖克:《国家的作用》,上海译文出版社 1994 年版。
43. 李琪主编:《新世纪中国特大城市公共行政管理——以上海为个案的发展战

略研究》,文汇出版社2003年版。
44. 李其荣:《世界城市史话》,湖北人民出版社1997年版。
45. 林仙煌:《浅论城市管理体制改革》,《广东行政学院学报》2003年第2期。
46. 冷熙亮:《国外城市管理体制的发展趋势及其启示》,《城市问题》2001年的第1期。
47. 陆云飞:《城市社区管理及其问题与对策》,《唯实》2003年第8~9期。
48. 雷仲敏:《我国城市公共安全管理模式构想》,《上海市经济管理干部学院学报》2004年第1期。
49. 马正林:《中国城市历史地理》,山东教育出版社1998年版。
50. 戴维·奥斯本、特德·盖布勒:《改革政府:企业精神如何改革着公营部门》,上海译文出版社1996年版。
51. 盖伊·彼得斯:《政府未来的治理模式》,中国人民大学出版社2001年版。
52. 潘小娟主编:《市政管理体制改革:理论与实践》,社会科学文献出版社1998年版。
53. 钱建新:《城市化进程中的行政区划调整问题》,中国行政区划网,2003年1月31日。
54. 秦甫编著:《现代城市管理》,东华大学出版社2004年版。
55. 沈建国:《世界城市化的基本规律》,《城市发展研究》2000年第1期。
56. 宋俊岭、黄序主编:《中国城镇化知识15讲》,中国城市出版社2001年版。
57. 世界银行:《1994年世界发展报告:为发展提供基础设施》,中国财经出版社1995年版。
58. 世界银行:《2000/2001年世界发展报告:与贫困作斗争》,中国财经出版社2001年版。
59. [法]玛丽-克劳德·斯莫茨:《治理在国际关系中的正确运用》,《国际社会科学杂志》(中文版)1999年第1期。
60. [美]汉克·塞维奇:《全球化有何新意?它对城市预示着什么?》,《国际社会科学杂志(中文版)》第20卷第2期(2003年5月)。
61. 沈耀泉主编:《现代城市管理》,中国轻工业出版社2002年版。
62. 陶德麟主编:《社会稳定论》,山东人民出版社1999年版。
63. 唐钧:《中国城市贫困与反贫困报告》,华夏出版社2003年版。
64. 唐晓阳:《城市社区管理导论》,广东经济出版社2000年版。
65. 吴江:《信息城市的若干特征和趋向》,《现代城市研究》1998年第5期。
66. 王晶编著:《城市财政管理》,经济科学出版社2002年版。

67. 王建民主编:《城市管理学》,上海人民出版社1987年版。
68. 王洪芬、刘锡明:《城市规划与管理》,经济日报出版社1995年版。
69. 王海平、吴春波主编:《国民经济管理学》,中国人民大学出版社1994年版。
70. 王惠岩主编:《政治学原理》,高等教育出版社1999年版。
71. 韦克难:《社区管理》,四川人民出版社2003年版。
72. 王佃利等主编:《现代市政学》,中国人民大学出版社2004年版。
73. 王旭:《美国城市史》,中国社会科学出版社2000年版。
74. 万艳华:《面向21世纪的人类住区:健康城市及其规划》,《武汉城市建设学院学报》2000年第4期。
75. 王延辉著:《城市经济制导管理》,社会科学文献出版社2000年版。
76. 王育琨等:《中国:世纪之交的城市发展》,辽宁人民出版社1992年版。
77. 王雅莉主编:《市政管理学》,中国财政经济出版社2002年版。
78. 徐理明、彭兴业主编:《城市现代化的"金钥匙"——中国市政》,中国人事出版社1996年版。
79. 谢立中:《均衡发展——城市基层社区变迁过程中的一个重要课题》,《求实》2002年第7期。
80. 夏书章主编:《行政管理学》(第二版),中山大学出版社1998年版。
81. 夏书章、严家明主编:《中国城市管理》,知识出版社1990年版。
82. 谢文蕙、邓卫编著:《城市经济学》,清华大学出版社1996年版。
83. 谢望礼、彭武汉编著:《中国市场经济导论》,经济管理出版社2002年版。
84. 谢先国等:《推行健康城市为市民提供良好的生态环境》,《中国公共卫生》1997年第1期。
85. 解振华:《中国环境保护战略与对策》,《中国环境管理》2001年第1期。
86. 严浩:《我国城市社区发展政策研究》,中国计划出版社2002年版。
87. 于军编译:《英国地方行政改革研究》,国家行政学院出版社1999年版。
88. 尤建新主编:《现代城市管理学》,科学出版社、武汉出版社2003年版。
89. 徐永祥著:《社区发展论》,华东理工大学出版社2000年版。
90. 苑剑英:《信息城市的物质形态》,《城市规划汇刊》1997年第3期。
91. 尤力主编:《市场管理学》,四川大学出版社1991年版。
92. 叶南客、李芸:《战略与目标——城市管理系统与操作新论》,东南大学出版社2000年版。
93. 杨文衡:《易学与生态环境》,中国书店2003年版。
94. 殷体扬:《城市管理学》,山西经济出版社1990年版。

95. 阎小培:《城市发展的未来趋势》,《国外城市规划》1998年第4期。
96. 叶孝理主编:《现代城市管理手册》,经济科学出版社1990年版。
97. 杨团著:《社区公共服务论析》,华夏出版社2002年版。
98. 杨燕英:《略论现代大中城市的中心职能》,《广西大学学报》1999年6月增刊。
99. 张承安:《城市发展史》,武汉大学出版社1985年版。
100. 邹德慈主编:《城市规划导论》,中国建筑工业出版社2002年版。
101. 周大鸣:《现代都市人类学》,中山大学出版社1997年版。
102. 《中国城市发展报告》编委会编:《2001~2002中国城市发展报告》,西苑出版社2003年版。
103. 中国城市规划学会、全国市长培训中心编著:《城市规划读本》,中国建筑工业出版社2002年版。
104. 张国祺主编:《市政管理学》,四川大学出版社1995年版。
105. 中国社会科学院研究生院城乡建设经济系编:《城市经济学》,经济科学出版社1999年版。
106. 中国行政管理学会联合课题组:《关于政府机关工作效率标准的研究报告》,《中国行政管理》2003年第3期。
107. 曾鹤松主编:《城市经济管理学》,山东人民出版社1985年版。
108. 张觉文:《市政管理新论》,四川人民出版社2003年版。
109. 张良等:《公共管理导论》,上海三联书店1997年版。
110. 庄林德、张京祥:《中国城市发展与建设史》,东南大学出版社2002年版。
111. 张跃庆等:《城市管理概论》,北京经济学院出版社1990年版。
112. 周沛著:《社区社会工作》,社会科学文献出版社2002年版。
113. 张跃庆、张连城:《城市经济学教程》,经济日报出版社1995年版。
114. 朱铁臻主编:《中国城市手册》,经济科学出版社1987年版。
115. 张永桃主编:《市政学》,高等教育出版社2000年版。
116. 张钟汝等:《城市社会学》,上海大学出版社2001年版。
117. 张冠增:《城市发展概论》,中国铁道出版社1998年版。

后　记

21世纪是城市的世纪，中国的城市化和城市现代化进程正在快速推进。为适应我国城市化和城市现代化发展，以及城市管理科学化、专业化的需要，许多高等学校正在加快培养城市管理专门人才，在公共管理类专业普遍开设城市管理课程，一些高校甚至设置了城市管理专业，与此相关的教材建设和城市管理科学研究也愈益活跃，一时间，著作、论文汗牛充栋。而在10年前的1995年春，我为所在单位苏州大学行政管理专业开设"城市管理"课程时，可以找到的教学参考书只有屈指可数的几本，想作些相关研究，但发现可以参考的有价值的著作、论文更少。到2003年春，我负责承担苏州大学行政管理硕士点新设的城市管理专业方向建设任务时，城市管理专业已成为一个热门专业。前后对比，中国的城市管理专业教育和科学研究事业发展不可谓不快。为了对城市管理研究和城市管理专业教育作出进一步的贡献，我们在充分吸收前人和他人的研究成果基础上，结合自己的学习和研究体会，编写了这部教材。

尽管在城市管理专业领域从事了多年的教学和研究，但要编写一部有质量的教材仍感到困难重重。为了尽快了却宿愿，我在理清了写作思路、拟定了具体的写作设想、列出了详细的写作提纲、执笔撰成了几章初稿之后，邀请了多位跟随我研究城市管理的同志参与讨论和研究。他们是（以姓氏的汉语拼音为序）：丁霞、高启达、敬坤、李向阳、王珏、吴长剑、熊子健、尹振华、张金娜。他们还提供了有价值的资料或参与了部分章节初稿的撰写。我对他们提供的初稿，进行了大量的增删，有些进行了重写。全书最后由我修改定稿。因此，本书所有的缺点、疏漏乃至错误之处，概由我负责，敬祈有关专家和广大读者批评指正。

我们在写作中参考的他人和前人的成果，书中尽可能一一作了注明，若有疏漏之处还请读者和有关作者谅解。借此机会，我也向我们参考过的所有成果的作者们和其他给予我们各种帮助的、熟识的或不相识的人们表示衷心的感谢。

钱振明
2005年1月28日